普通高等教育机电类系列教材

画法几何习题集

主　编　单宝峰　丛　伟
参　编　孙　磊　马　宁　王　霞
　　　　张　睿　白金兰　周　海
主　审　董国耀

机械工业出版社

本习题集根据教育部最新审定的"普通高等院校工程图学课程教学基本要求"编写，与丛伟主编的《画法几何学》教材（机械工业出版社出版）配套使用，可供高等院校机械类、近机类各专业使用，也可供成人教育相关专业使用。

本习题集的主要内容包括：点和直线、平面、直线与平面以及两平面的相对位置、投影变换、立体、立体表面的交线、组合体、轴测投影。

图书在版编目（CIP）数据

画法几何习题集/单宝峰，丛伟主编. —北京：机械工业出版社，2015.7（2023.6 重印）
普通高等教育机电类系列教材
ISBN 978-7-111-50405-4

Ⅰ.①画… Ⅱ.①单…②丛… Ⅲ.①画法几何-高等学校-习题集 Ⅳ.①O185.2-44

中国版本图书馆 CIP 数据核字（2015）第 141842 号

机械工业出版社（北京市百万庄大街 22 号　邮政编码 100037）
策划编辑：刘小慧　责任编辑：刘小慧　余　皞　徐鲁融
版式设计：霍永明　责任校对：佟瑞鑫
封面设计：张　静　责任印制：任维东
北京玥实印刷有限公司印刷
2023 年 6 月第 1 版第 10 次印刷
260mm×184mm ·7.25 印张·175 千字
标准书号：ISBN 978-7-111-50405-4
定价：18.00 元

电话服务　　　　　　　网络服务
客服电话：010-88361066　机　工　官　网：www.cmpbook.com
　　　　　010-88379833　机　工　官　博：weibo.com/cmp1952
　　　　　010-68326294　金　书　网：www.golden-book.com
封底无防伪标均为盗版　机工教育服务网：www.cmpedu.com

前　　言

本习题集与丛伟主编的《画法几何学》教材配套使用。

本习题集是在总结近几年教学改革经验的基础上，并参考了国内外众多同类习题集编写而成的。各部分习题均有一定的余量，便于教学中选用。

本习题集由单宝峰、丛伟主编。参加编写工作的有：单宝峰（第一部分），孙磊（第二、五部分），马宁（第三部分），丛伟（第四部分），王霞、张睿（第六部分），白金兰、周海（第七、八部分）。

本习题集由董国耀教授审阅，在编写过程中还得到沈阳航空航天大学李传奇教授的指导，编者对此深表谢意。

由于编者水平所限，本习题集中可能存在一些不妥之处，恳请读者批评指正。

编　者

目　　录

前言
解题注意事项
第一部分　点和直线 ………………………………………………………………………………… 1
第二部分　平面 ……………………………………………………………………………………… 16
第三部分　直线与平面以及两平面的相对位置 …………………………………………………… 25
第四部分　投影变换 ………………………………………………………………………………… 37
第五部分　立体 ……………………………………………………………………………………… 56
第六部分　立体表面的交线 ………………………………………………………………………… 61
第七部分　组合体 …………………………………………………………………………………… 84
第八部分　轴测投影 ………………………………………………………………………………… 102
参考文献 ……………………………………………………………………………………………… 109

解题注意事项

1. 在解题之前，要先复习相应的理论。
2. 解题时，应看懂题意，根据已知条件进行空间分析，确定解题步骤，再根据投影原理作图。
3. 必须使用绘图工具（铅笔、三角板、圆规等）准确作图。
4. 作图时所采用的图线，请参照本习题集中各图例的线型。
5. 作图时使用的标记如下：

（1）空间点用大写字母 A、B、C 等表示；投影轴用大写字母 X、Y、Z 表示；投影面用大写字母 H、V、W 表示；平面用大写字母 P、Q、R 等表示；平面迹线用代表平面的字母及其右下角的投影面名称表示，如 P_H、P_V、P_W 等。

（2）换面法中的新投影面采用大写字母及其右下角的数字表示，如 H_1、V_1、H_2、V_2 等。

（3）点的水平投影用 a、b、c 等表示，正面投影用 a'、b'、c' 等表示，侧面投影用 a''、b''、c'' 等表示。换面法中点的新投影用小写字母及其右下角的数字表示，如新水平投影 a_1、b_1、c_1 等，新正面投影 a_1'、b_1'、c_1' 等，新侧面投影 a_1''、b_1''、c_1'' 等。

6. 以 mm（毫米）为长度单位。

第一部分　点和直线

1-1　已知点 A 的坐标为（25，15，20），点 B 的坐标为（15，0，10），作出它们的三面投影和直观图。

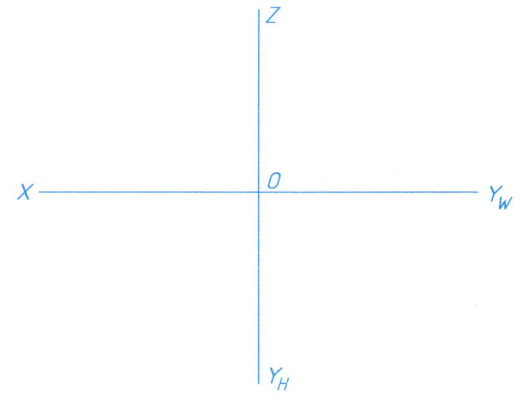

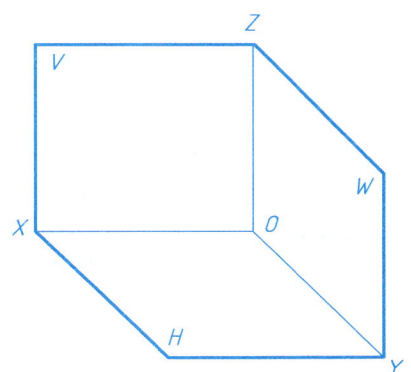

1-2　已知点 A 与点 B 到 V 面的距离相等，且点 B 在点 A 的左方 10mm，上方 15mm，作出点 B 的投影。

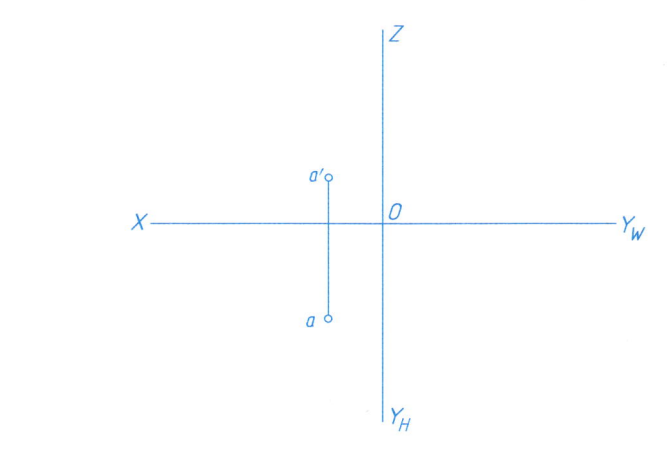

1-3　已知各点的两面投影，试画出第三面投影。

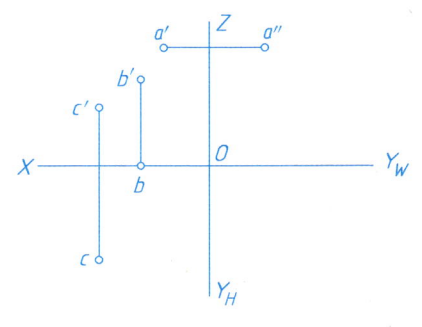

班级　　　　学号　　　　姓名

1-4 已知各点的两面投影，作出第三投影，并回答问题。

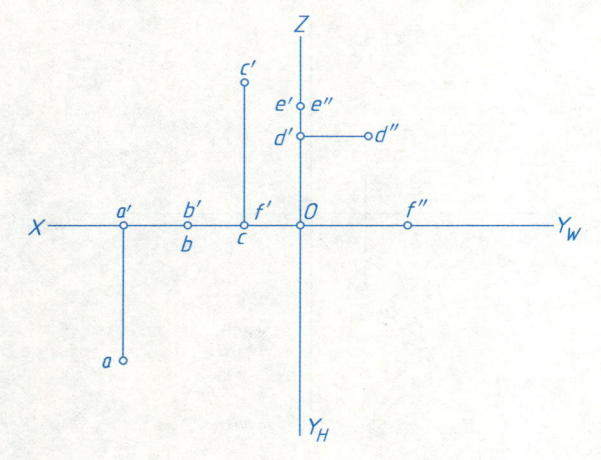

点 A 在_____上，
点 B 在_____上，
点 C 在_____上，
点 D 在_____上，
点 E 在_____上，
点 F 在_____上。

1-5 已知点 A 的坐标为 (20, 20, 10)，点 B 的坐标为 (10, 15, 15)，点 C 的坐标为 (15, 10, 20)，点 D 的坐标为 (25, 0, 0)，作出各点的三面投影，并比较其空间位置。

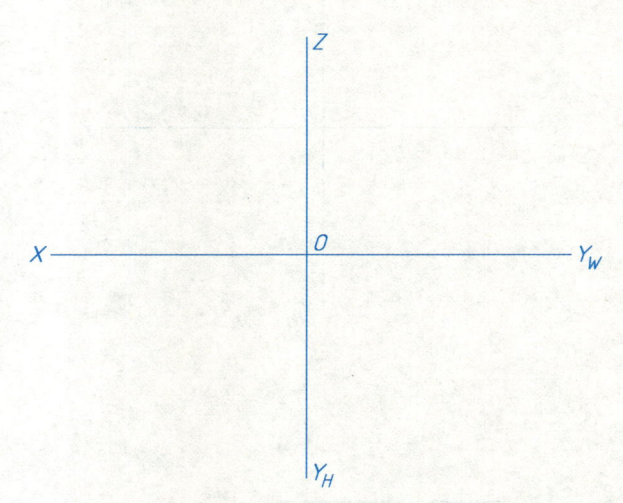

_____点最高，_____点最低，
_____点最左，_____点最右，
_____点最前，_____点最后。

班级　　　学号　　　姓名

1-6 判别下列重影点的相对位置。

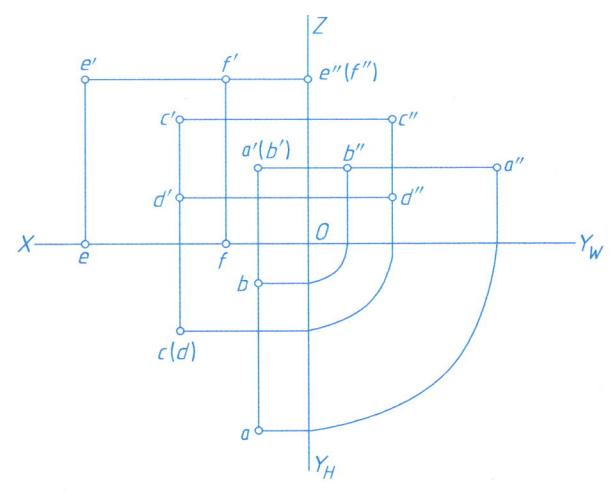

点 A 在点 B 的_____方_____mm，
点 C 在点 D 的_____方_____mm，
点 E 在点 F 的_____方_____mm，两点均在_____面上。

1-7 已知点 A 的坐标为（25，10，30），点 B 和点 A 对称于 V 面，点 C 和点 A 对称于 Y 轴，作出 A、B、C 三点的三面投影。

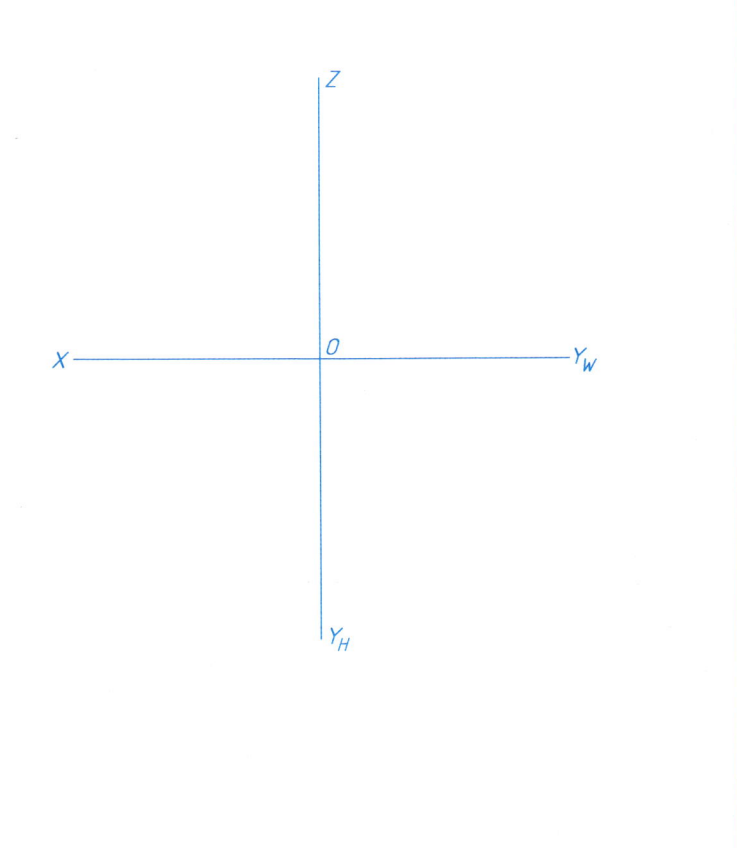

班级　　　学号　　　姓名

1-8 判别下列直线对投影面的相对位置，并画出第三投影。

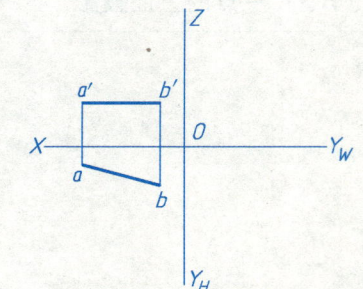

(1) _____

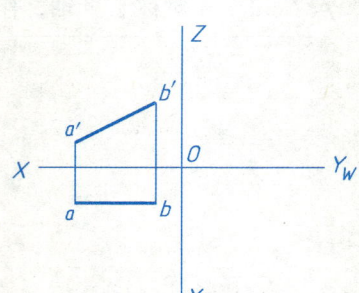

(2) _____

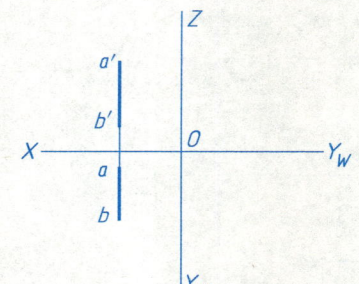

(3) _____

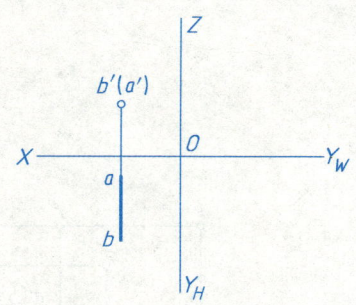

(4) _____

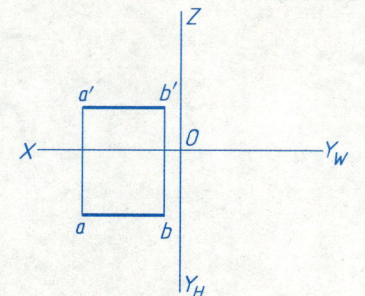

(5) _____

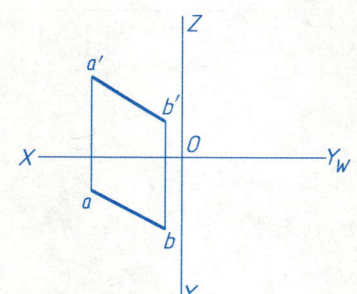

(6) _____

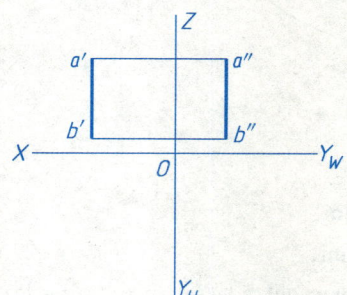

(7) _____

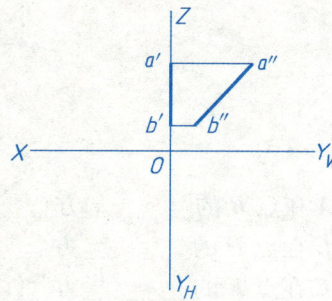

(8) _____

班级　　　学号　　　姓名

1-9 已知 AB 为水平线，$\beta = 30°$，CD 为正平线，$\alpha = 30°$，它们的实长均为 25mm，完成它们的投影（只画出一解，并分析本题有几个解）。

1-10 已知 AB 为侧平线，实长为 25mm，$\alpha = \beta$，完成其投影。

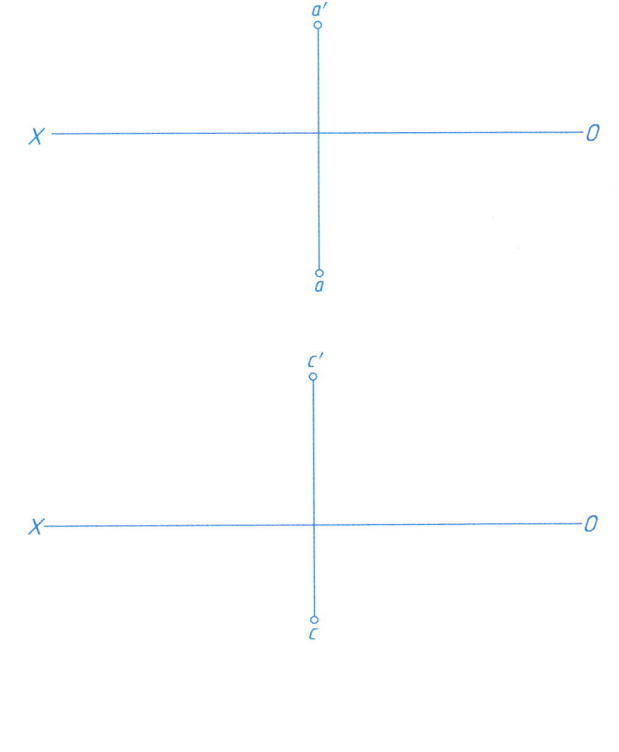

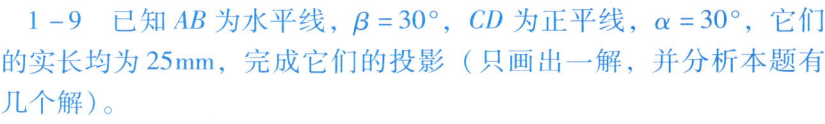

班级　　　学号　　　姓名

1-11　求出线段 AB 实长及其对投影面的倾角 α、β、γ。

1-12　在已知线段 AB 上求一点 C，使 AC:CB = 2:1。

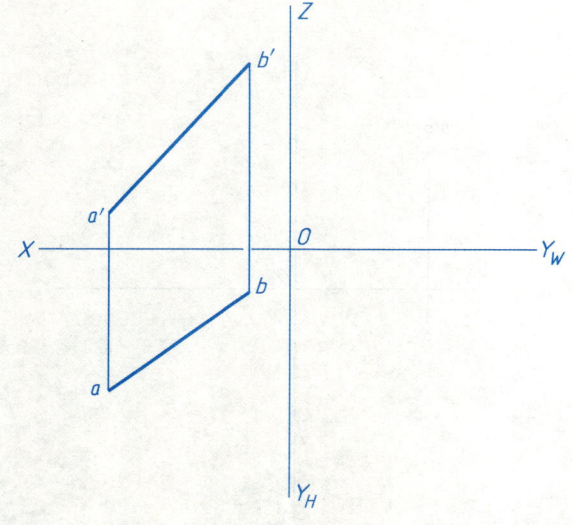

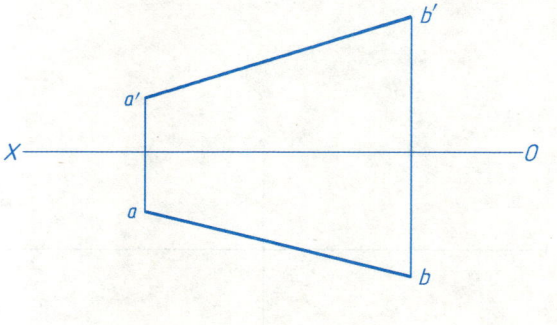

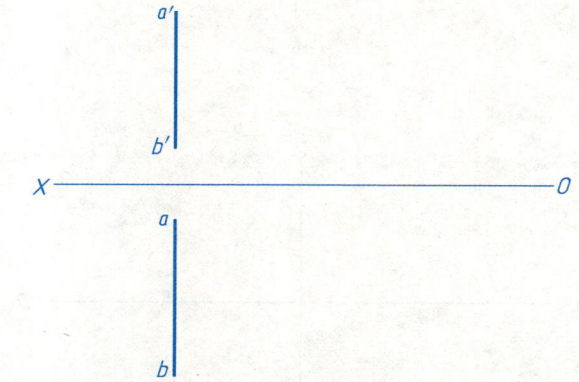

班级　　　学号　　　姓名

1-13 已知 a 和 b'，且点 A 在 H 面上，点 B 在 V 面上，求作线段 AB 的投影，并在 AB 上取一点 K，使 AK = 25mm。

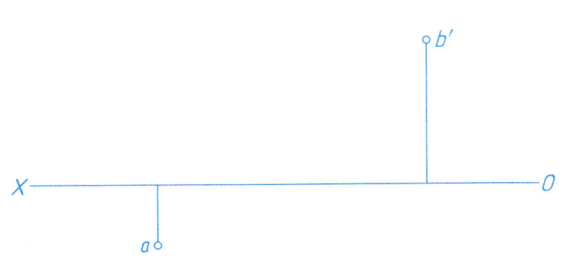

1-14 已知线段 AB、CD 与 V 面所成的倾角均为 30°，求作 ab 及 c'd'。

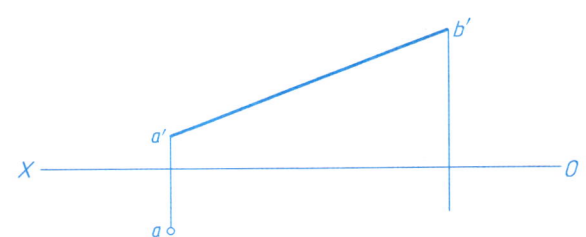

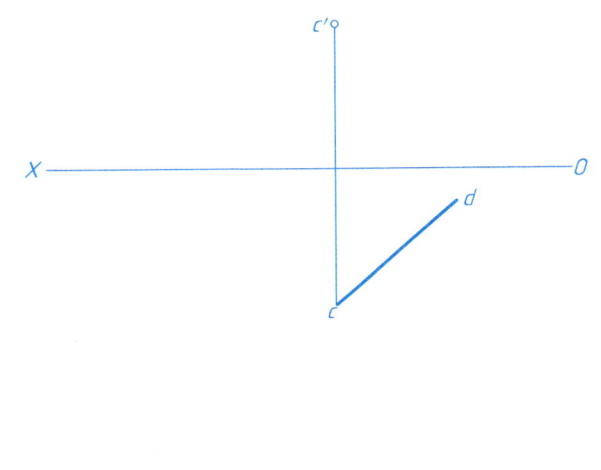

1-15 已知点 B 在 V 面上，AB = 30mm，α = 30°，求作直线 AB 的两面投影。

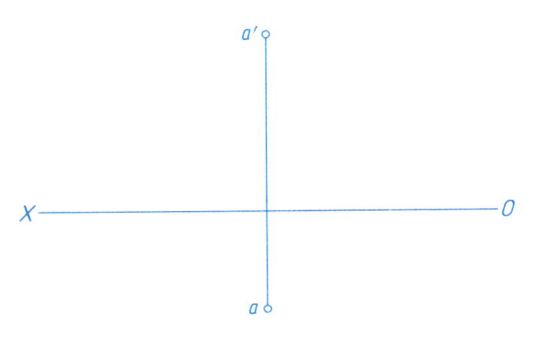

1−16　已知直线 AB = BC，求直线 BC 的水平投影。

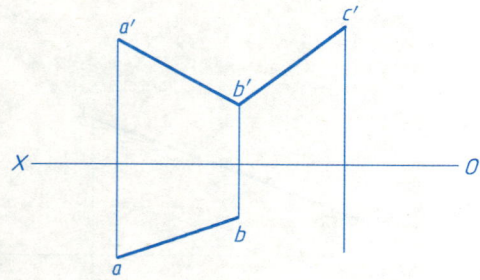

1−17　试过点 A 作一直线 AB，与 H 面成 30°角，与 V 面成 45°角，直线 AB 的实长为 25mm。

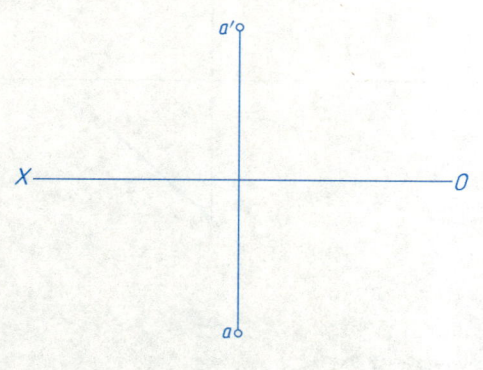

1−18　试在直线 AB 上求距离点 C 40mm 的点。

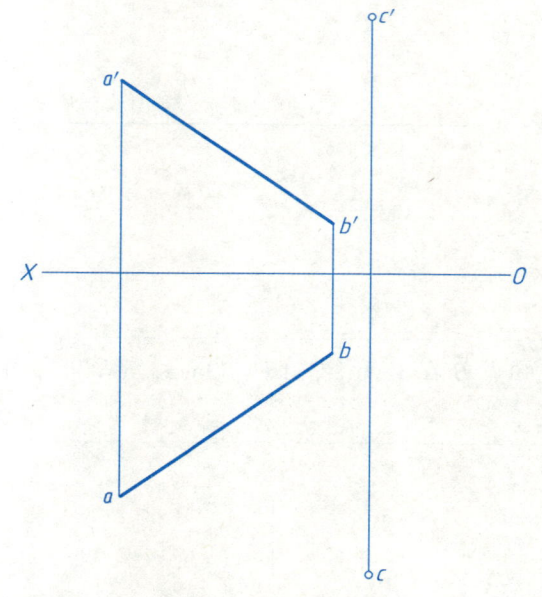

班级　　　学号　　　姓名

1-19 求作直线 AB 的迹点。

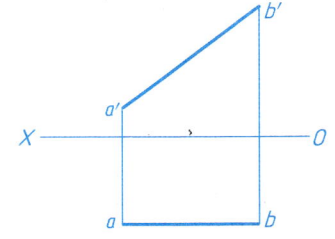
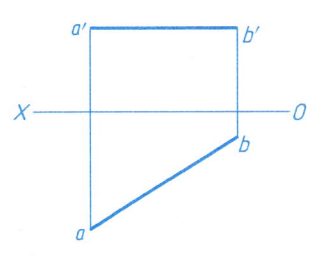
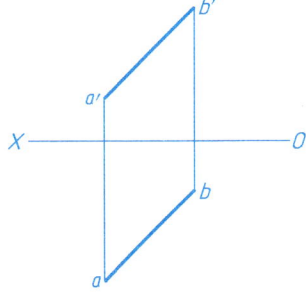

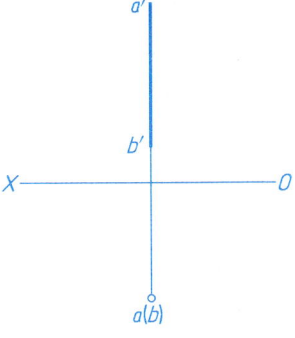
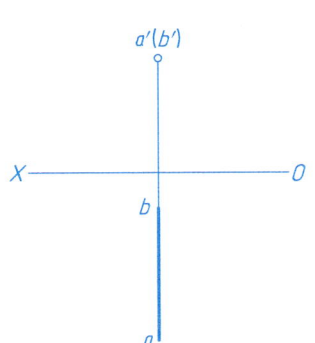
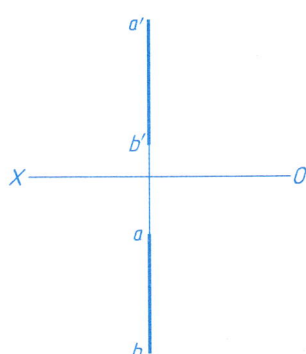

1-20 判断 AB、CD 二直线的相对位置。

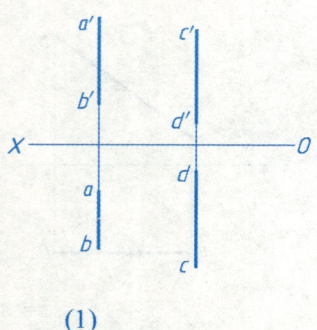

(1)＿＿＿＿

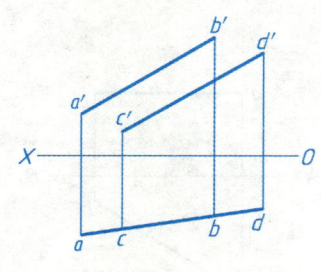

(2)＿＿＿＿

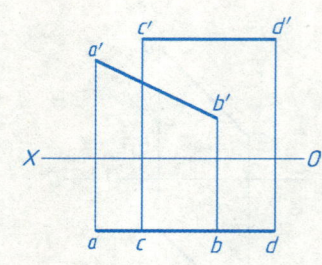

(3)＿＿＿＿

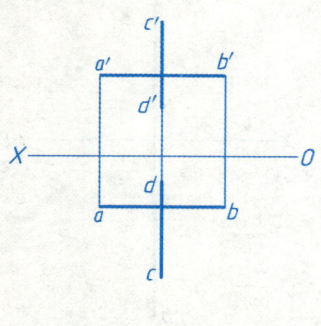

(4)＿＿＿＿

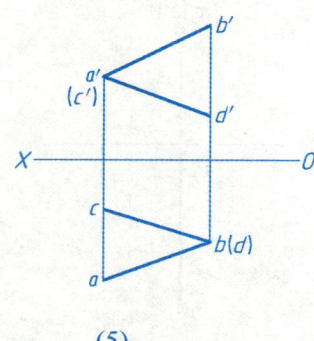

(5)＿＿＿＿

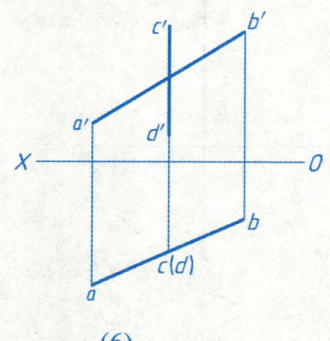

(6)＿＿＿＿

班级　　　学号　　　姓名

1-21 标注出直线 AB 与 CD 的重影点，并判别其可见性。

(1)

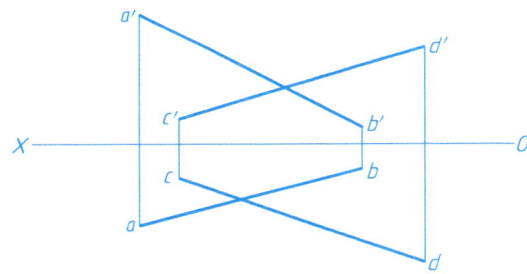

1-22 过点 A 作直线 AB 与直线 CD 垂直相交。

(1)

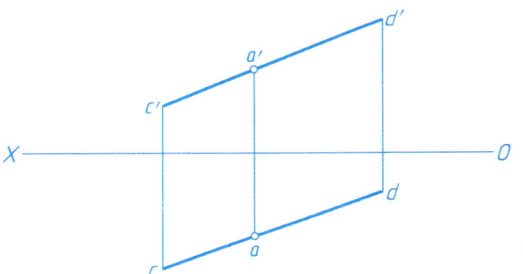

(2)

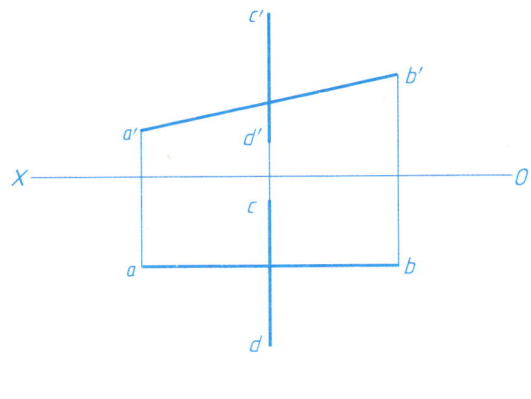

(2)

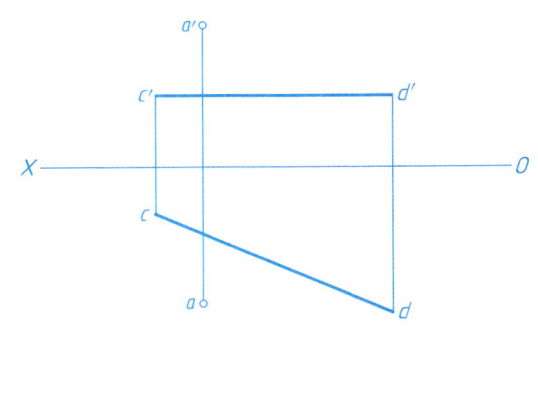

班级　　　　学号　　　　姓名

1-23 过点 A 作一直线与直线 BC 相交，并使交点距 H 面 15mm。

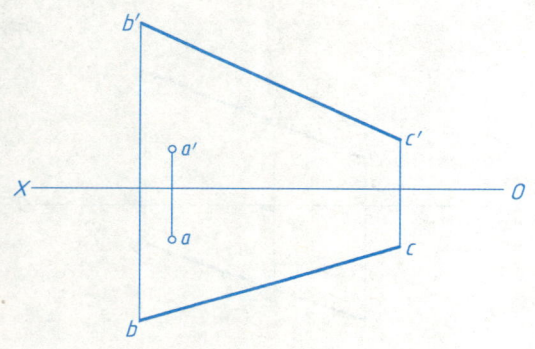

1-24 已知直线 AB 与 CD 均平行于 OX 轴，求作与二直线平行，且相距各为 15mm 的直线 EF。

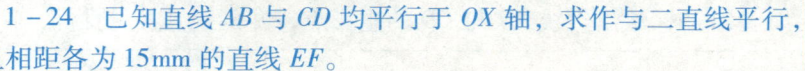

1-25 求作一正平线 EF 与已知直线 AB、CD 相交，并与 V 面相距 15mm。

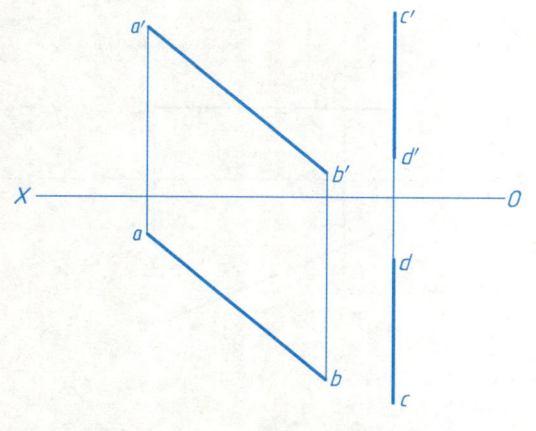

1-26 求作直线 GH，使其平行于直线 AB 且与 CD 及 EF 二直线相交。

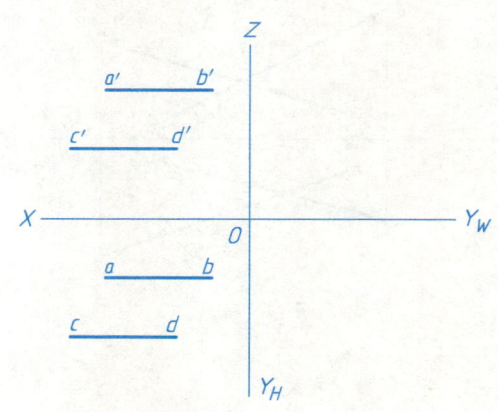

班级　　　学号　　　姓名

1-27 求作一直线 GH 与已知直线 AB 正交，并与直线 CD 和 EF 都相交。

1-28 作出二直线 AB 及 CD 的公垂线。

(1)

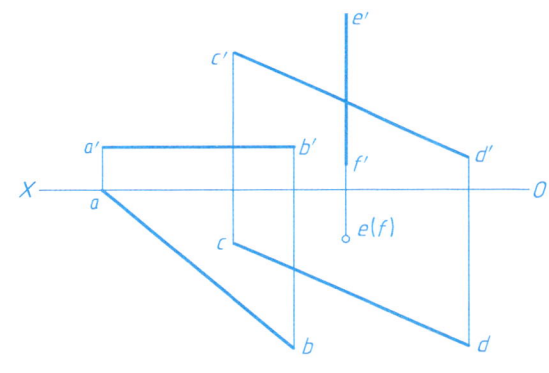
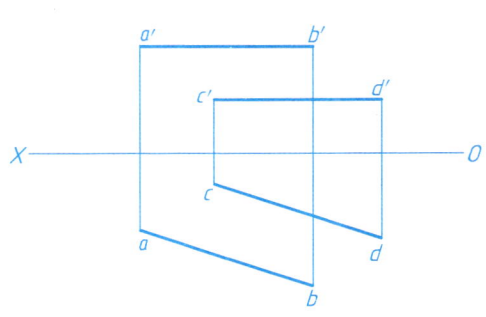

1-29 已知点 C 到直线 AB 的距离为 20mm，试完成其两面投影。

(2)

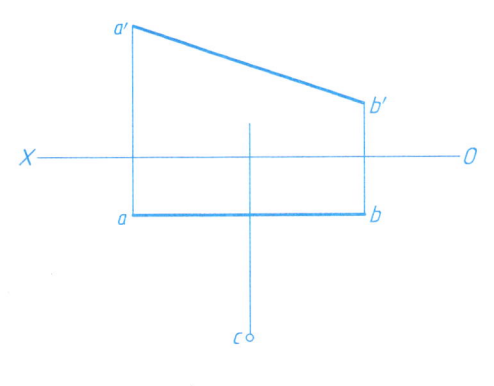
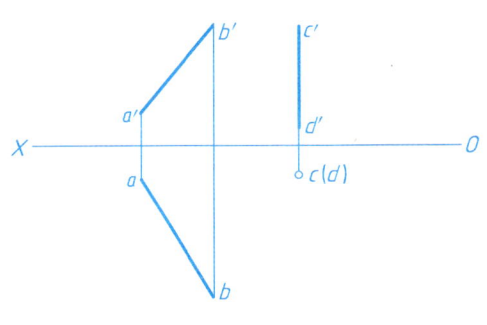

1-30 已知直线 AC 为斜边，点 B 在直线 NC 上，试完成等腰直角三角形 ABC 的两面投影。

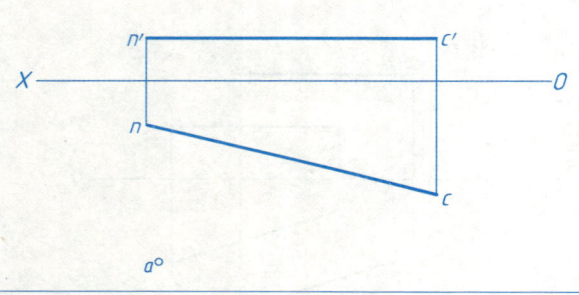

1-31 直线 AC 为一对角线，点 B 距 V 面 25mm，完成正方形 ABCD 的投影。

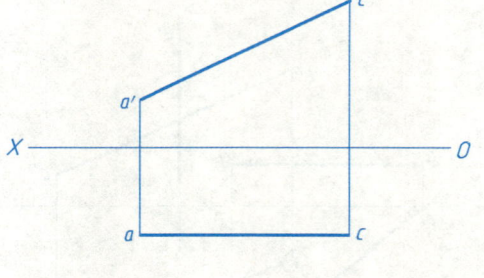

1-32 已知等边三角形 ABC 的一边 AB 在直线 MN 上，且点 C 已知，试完成其投影。

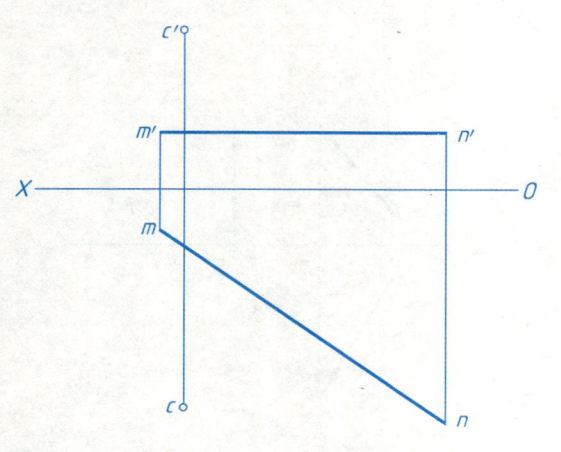

1-33 求作直角三角形 MNS，已知点 M 在直线 AB 上，直线 NS 在直线 CD 上，且 NS = 25mm，∠MNS = 90°。

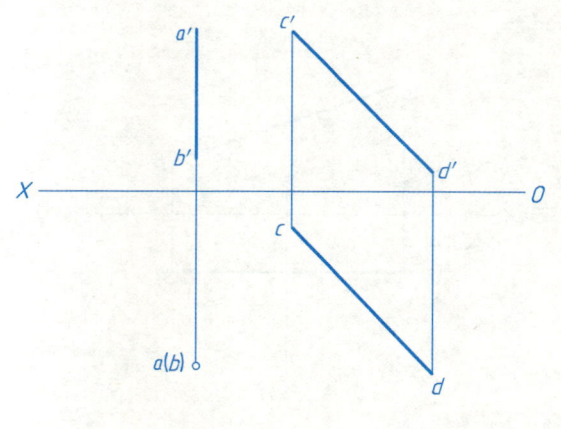

班级　　　学号　　　姓名

1-34 求作一等腰三角形 ABC，其底边 BC 在直线 EF 上，底边中点为 D，顶点 A 在直线 GH 上，且已知 AB = AC = 40mm。

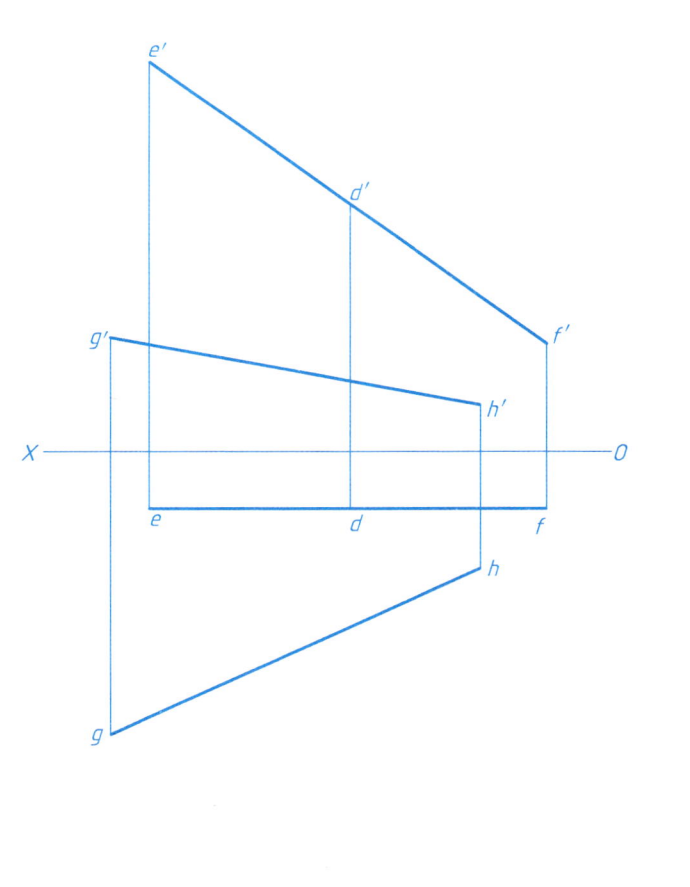

1-35 求作直线 AB，使其与 OX 轴的距离为 20mm，与 H 面成 30°角，且与已知直线 CD 垂直相交。

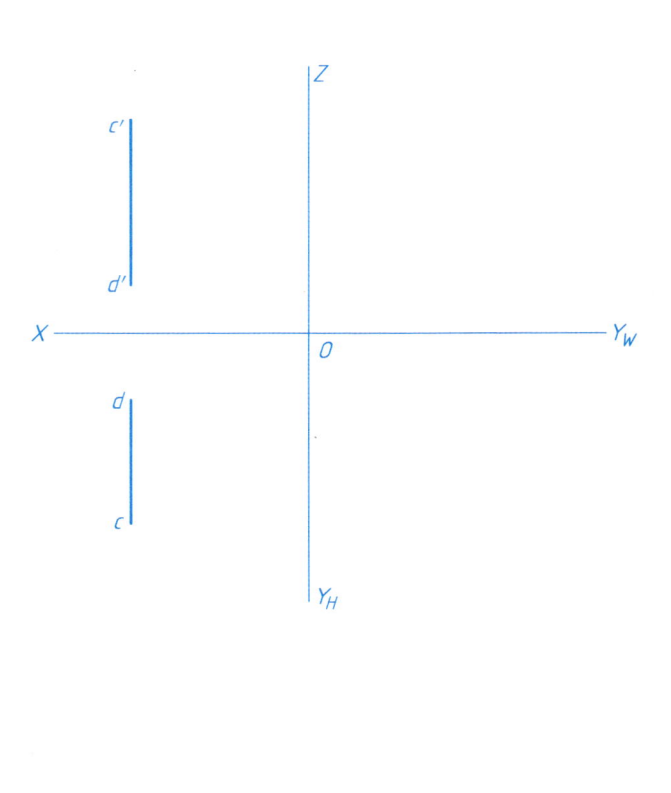

班级　　　学号　　　姓名

第二部分 平 面

2-1 判断下列各平面为何种位置平面，并将答案填在下方横线上。

2-2 已知等边三角形 ABC 为水平面，要求：（1）完成其两面投影；（2）作出平面的迹线。

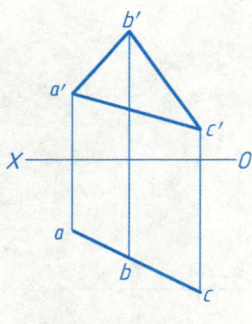

(1)_____

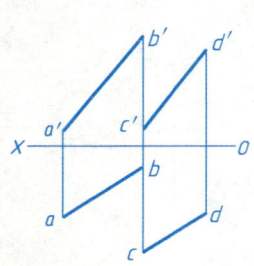

(2)_____

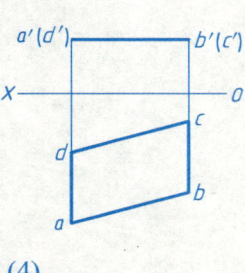

(4)_____

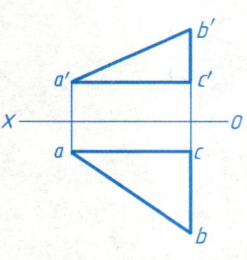

(5)_____

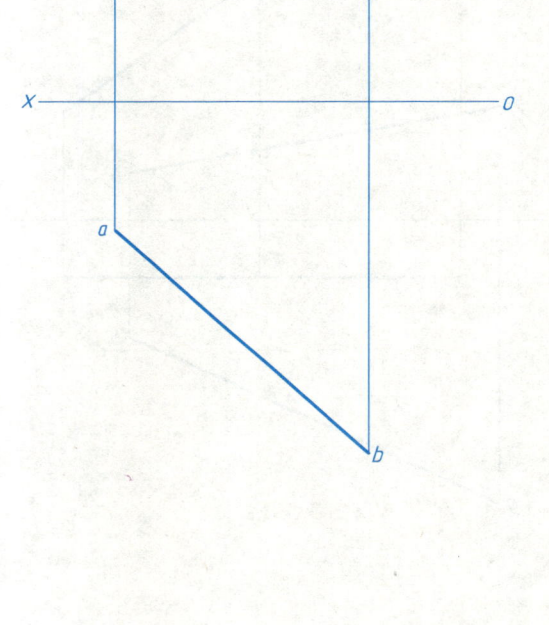

班级　　　学号　　　姓名

2-3 完成下列平面图形的第三面投影，并作属于平面的点 K 的另两面投影。

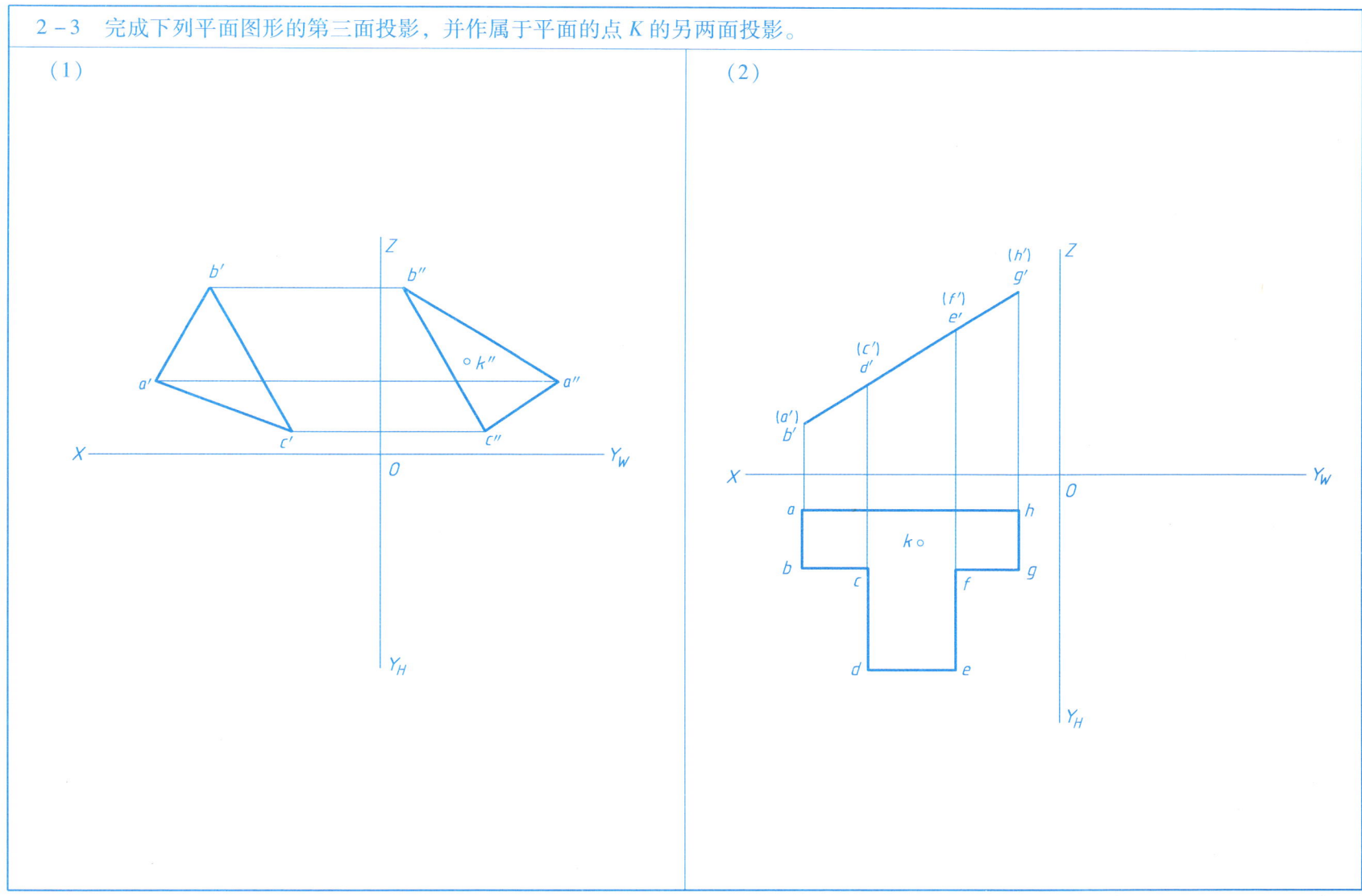

2-4 已知直线 AB 在 P 面上，求 ab。

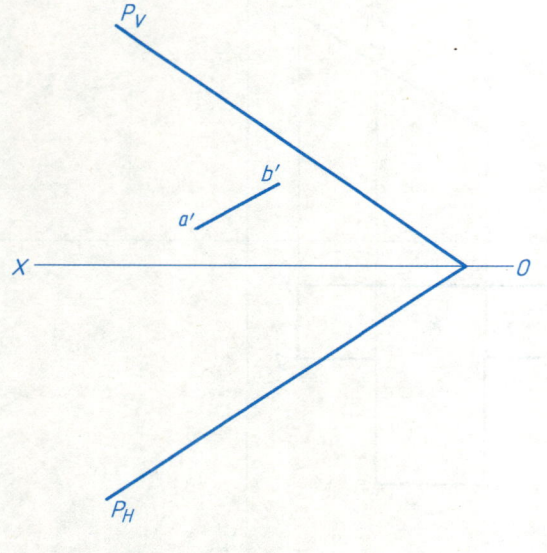

2-5 已知△ABC 在平面 P 上，△DEF 在△ABC 内，求△def 及平面迹线 P_V 和 P_H ($e'f'\,/\!/\,b'c'$、$d'f'\,/\!/\,a'c'$)。

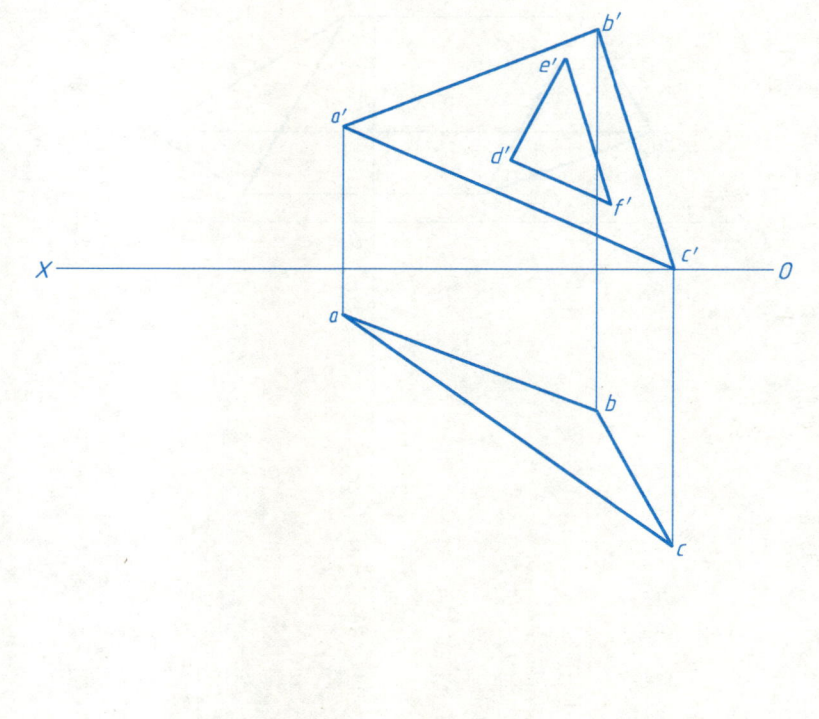

班级　　　学号　　　姓名

2-6 在已知平面 ABC 内取一点 K，使其距 H 面 20mm，距 V 面 15mm。

(1)　　　　　　　　　　　　　　　(2)

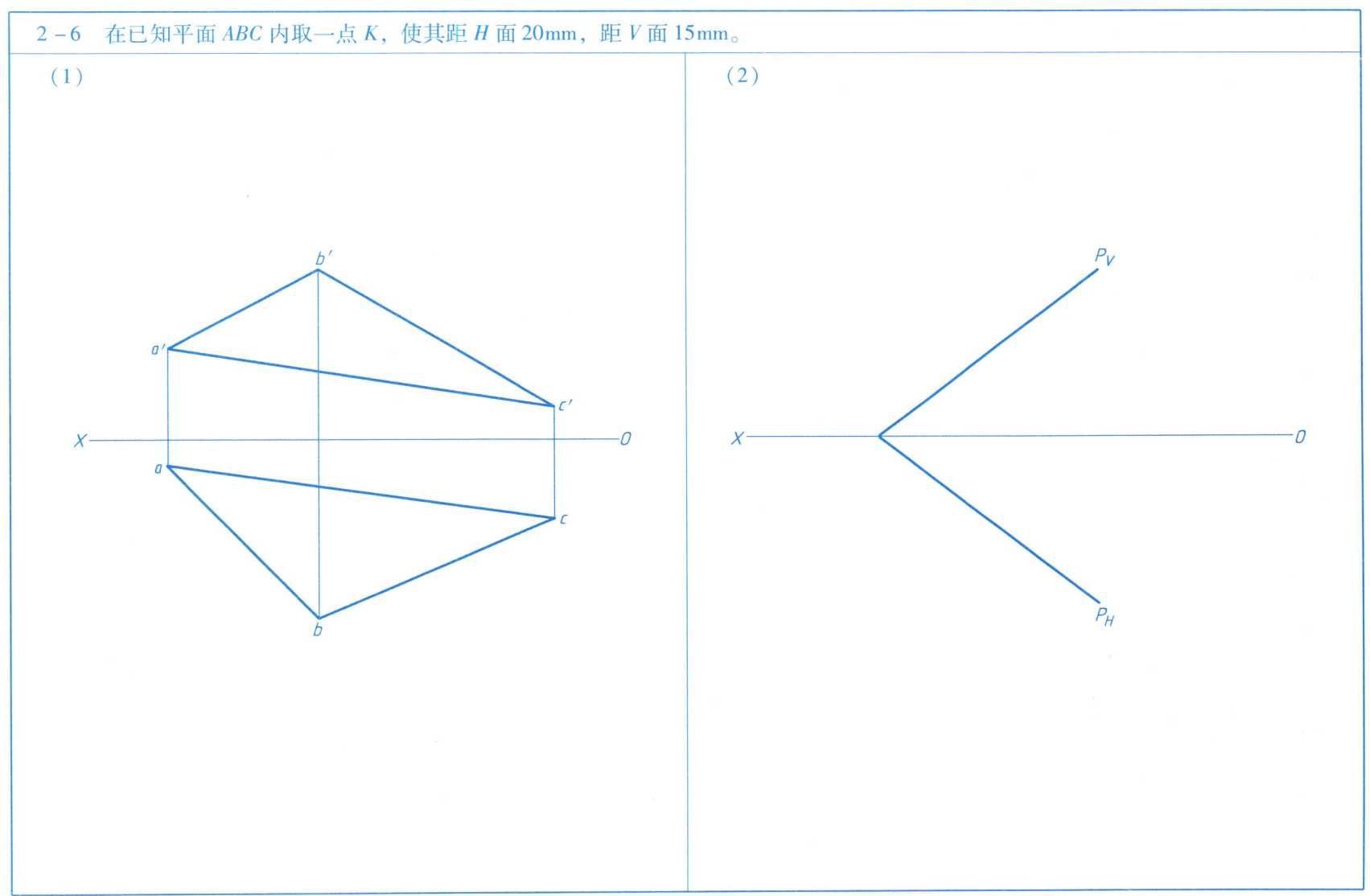

班级　　　学号　　　姓名

2-7　判断点 K 是否在平面上。

(1)
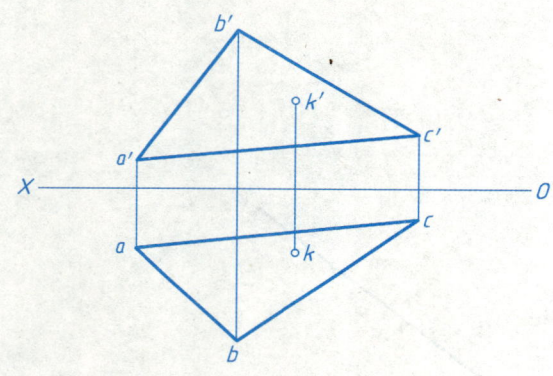

(2)
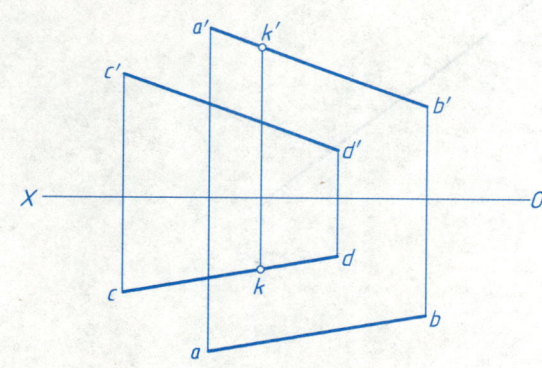

2-8　试通过作图判定给出的各组直线是否共面。

(1)
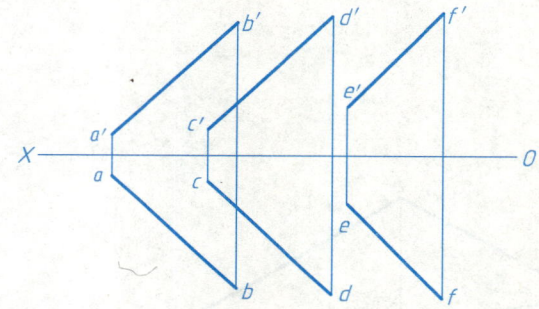

(2)
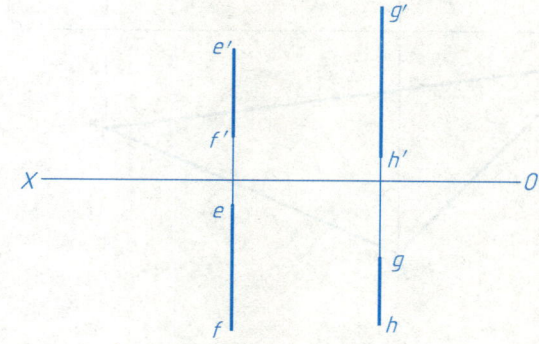

班级　　　学号　　　姓名

2-9 已知平面图形 ABCD 的 V 面投影和 AB 边的 H 面投影，又知 CD 边的实长为 35mm，求此图形的 H 面投影。

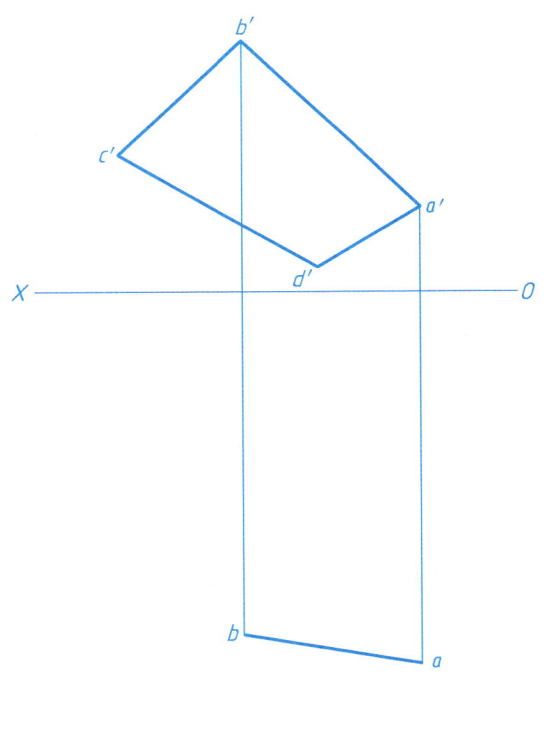

2-10 完成五边形平面的两面投影。

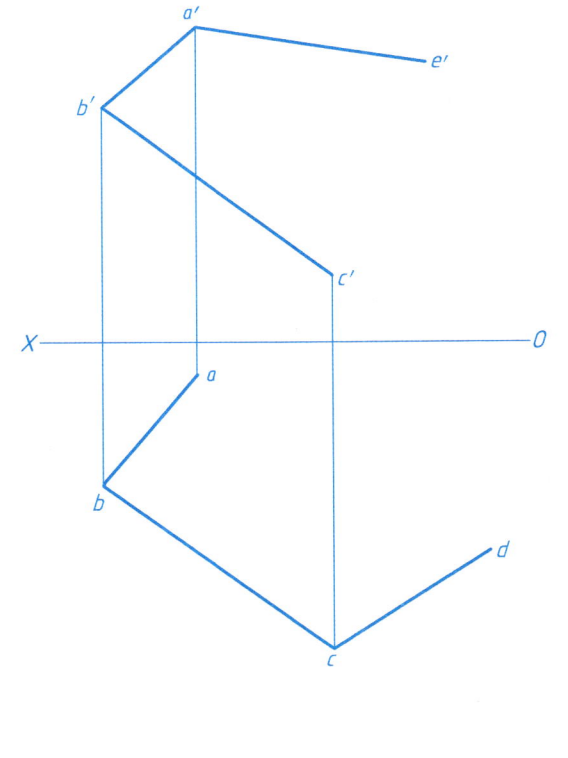

班级　　　　学号　　　　姓名

2-11 已知线段 AB 为某平面对 V 面的最大斜度线，并知该平面与 V 面的夹角 $\beta=30°$，求作该平面。

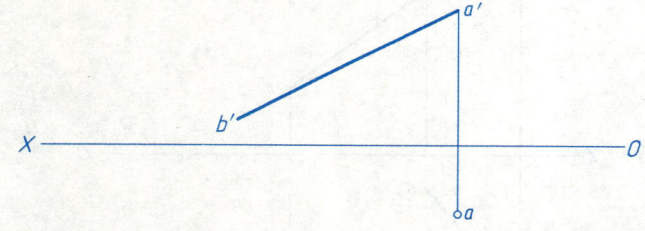

2-12 已知等腰三角形 ABC 与 H 面之间的夹角为 60°，且顶点 C 在 V 面上，直线 AB 为底边，试完成其二面投影。

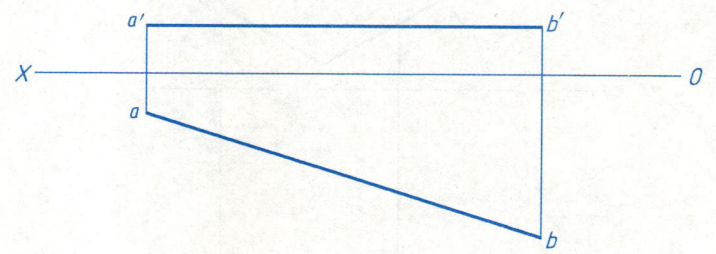

2-13 已知△ABC对V面的倾角β=30°，试作出该三角形的水平投影。

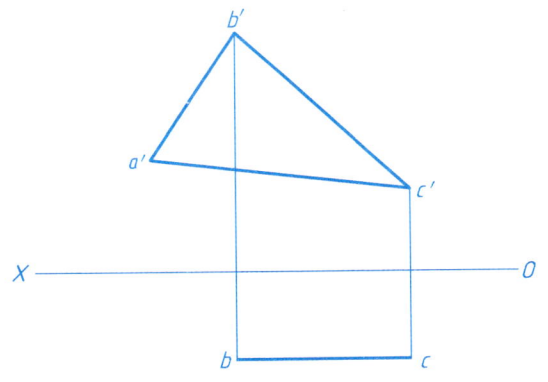

2-14 已知直线AD是等边三角形ABC的高，又是该面对H面的最大斜度线，求作此等边三角形的投影。

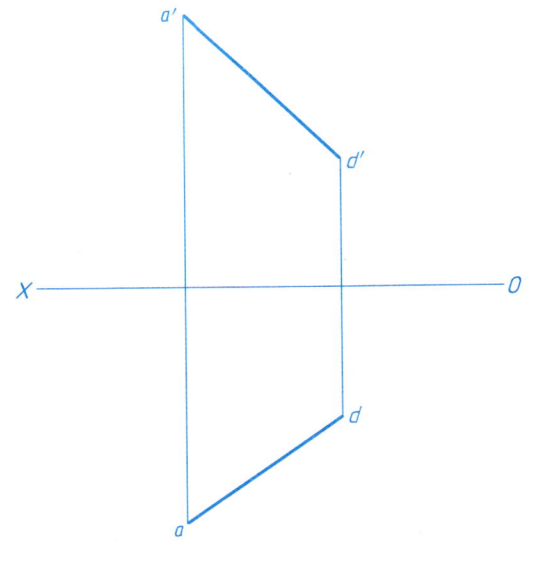

班级　　　学号　　　姓名

2-15 球 M 从斜坡 ABCD 上滚下，作出它的轨迹的投影，并求出斜坡对 H 面的倾角 α。

2-16 已知线段 AB 为某平面对 H 面的最大斜度线，求作属于该平面且距 V 面为 20mm 的正平线 CD。

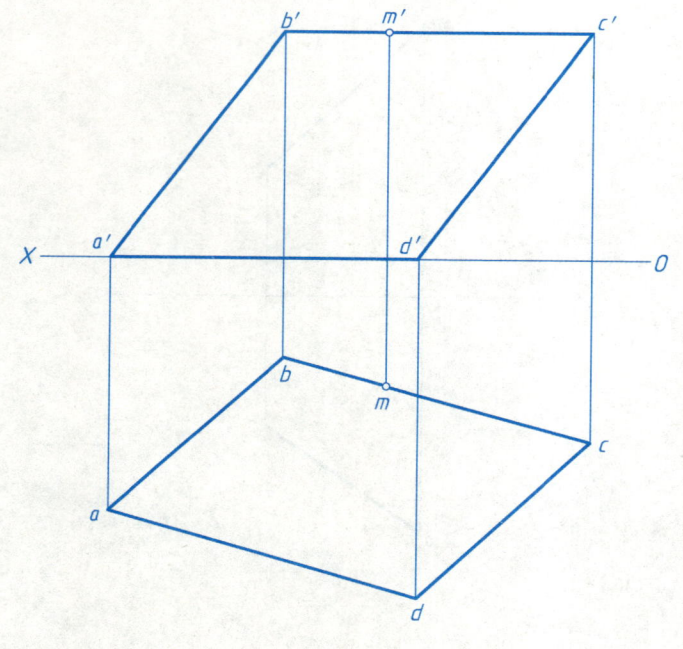

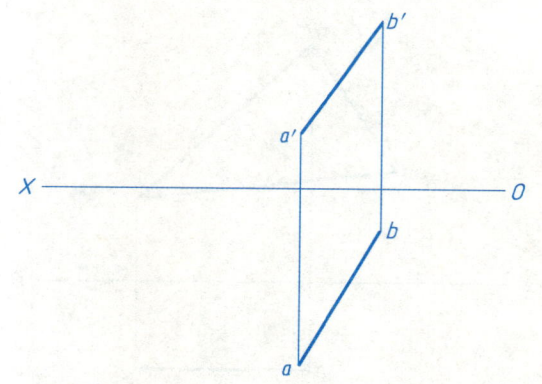

班级　　　　学号　　　　姓名

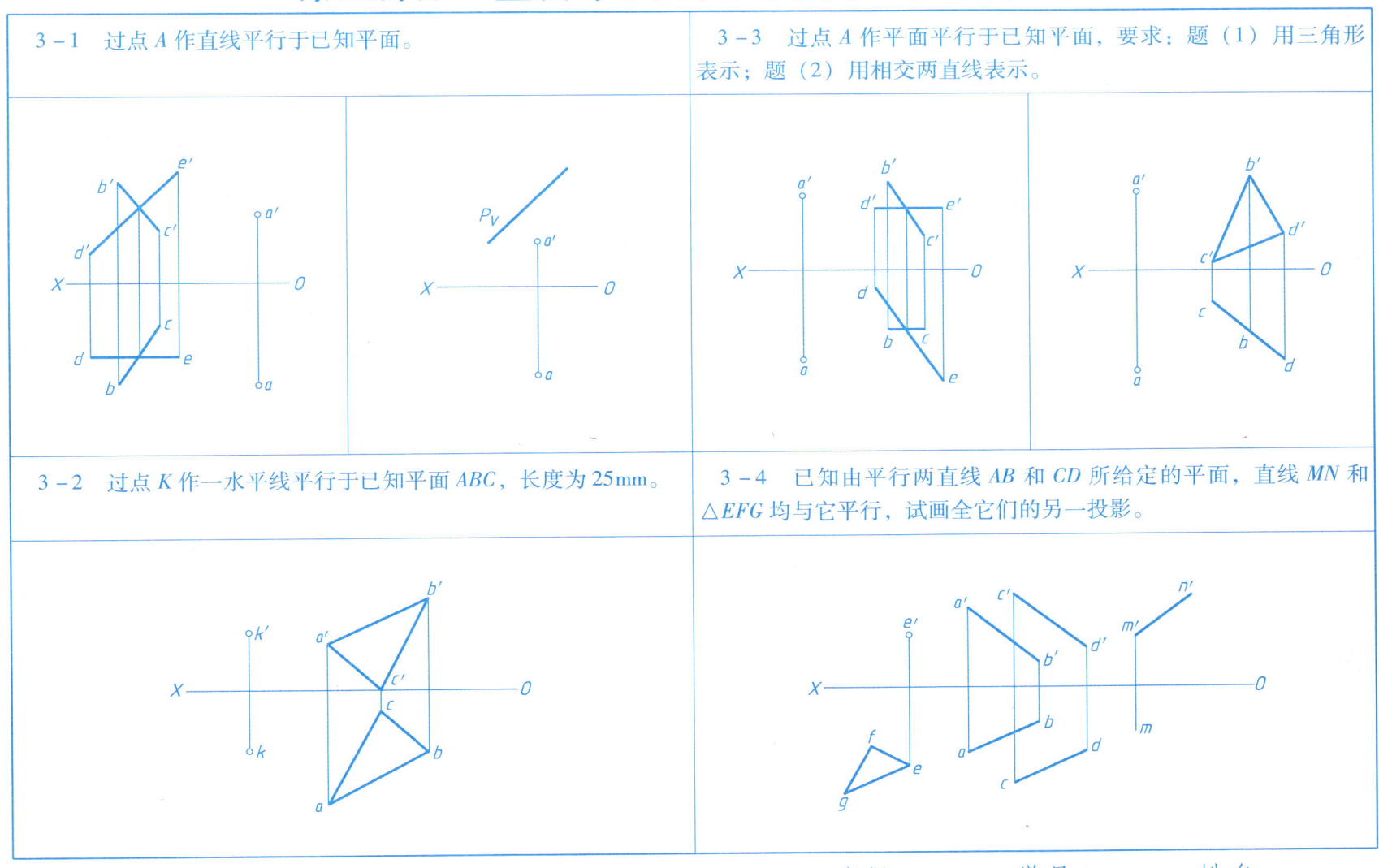

3-5 已知线段 MN = 30mm，点 N 在点 M 之后，且线段 MN 与 △ABC 平行，试完成线段 MN 和 △ABC 的另一投影。

3-6 求直线与平面的交点，并判别直线的可见性。

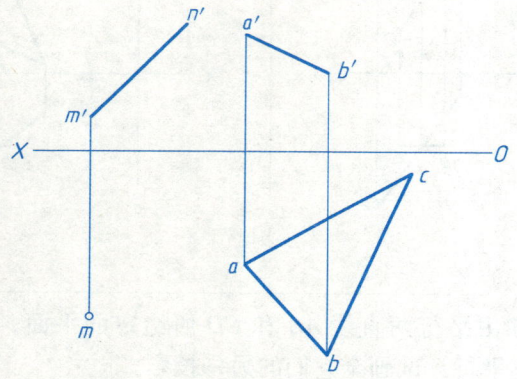

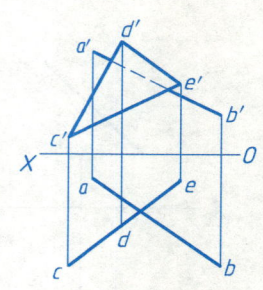

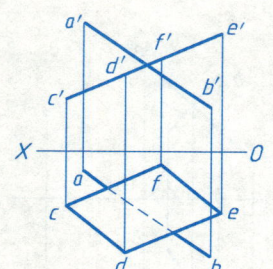

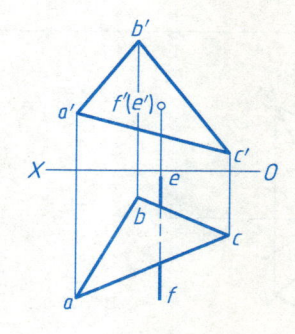

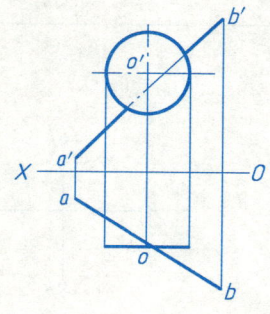

3-7　求作直线与平面的交点 K，并判别可见性。

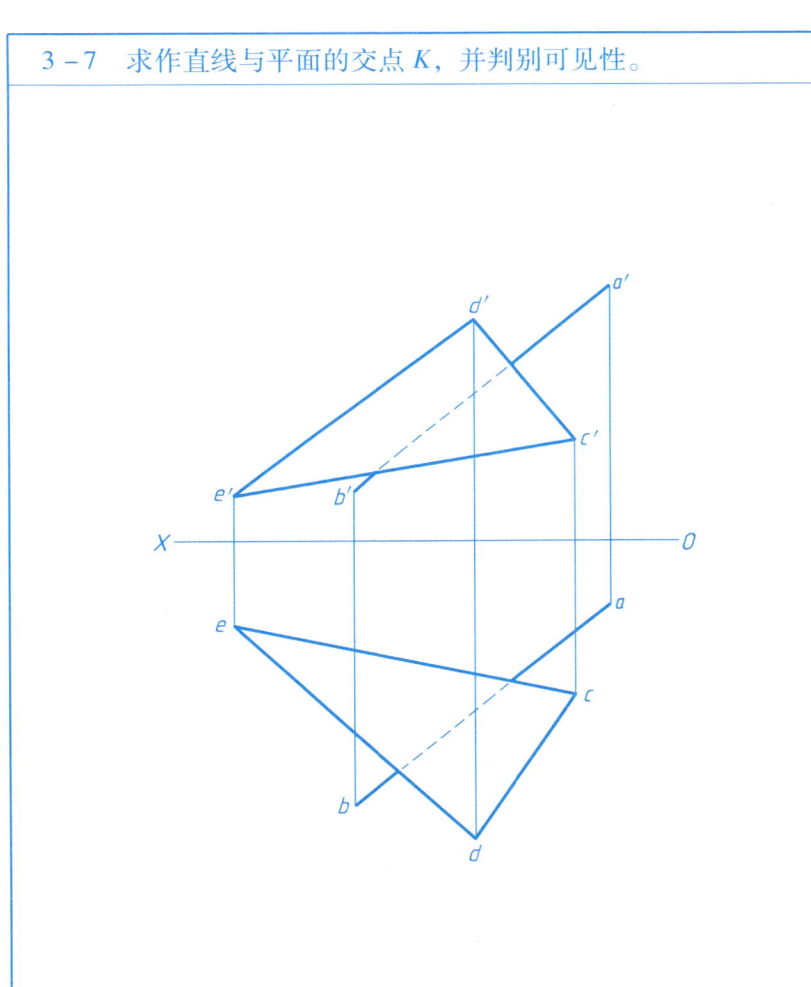

3-8　求两平面交线，并判别可见性（一）。

(1)

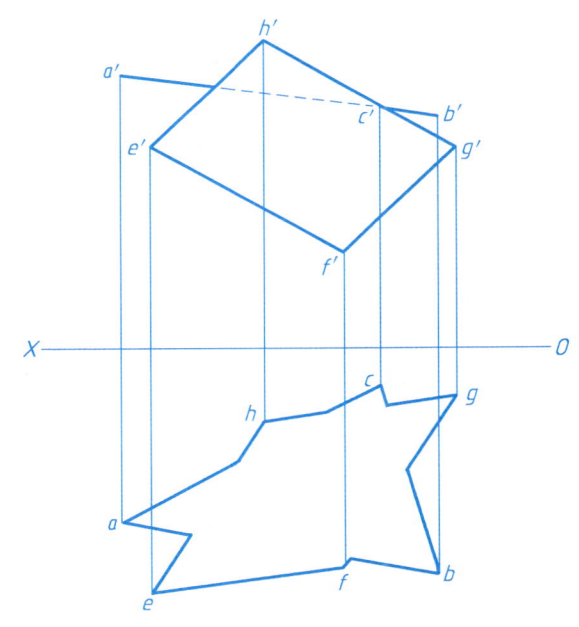

班级　　　学号　　　姓名

3-8 求两平面交线，并判别可见性（二）。

(2)

3-9 过点 E 作直线与交叉直线 AB 和 CD 同时相交。

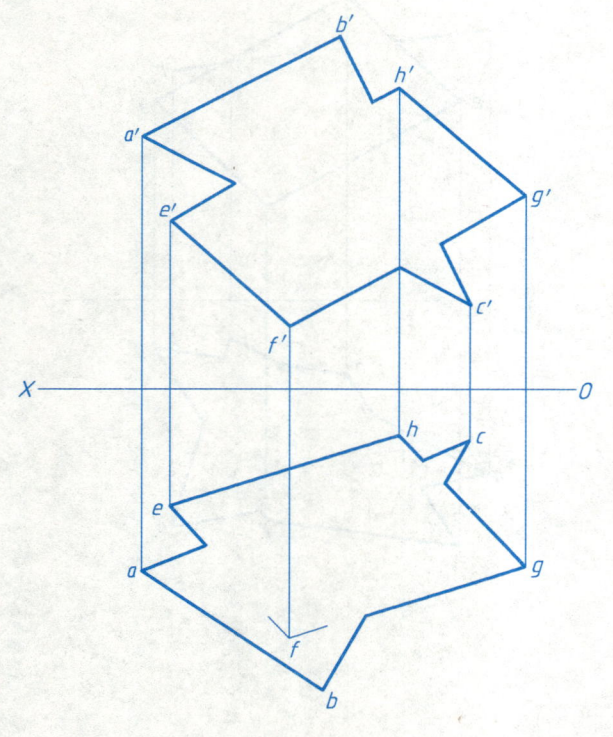

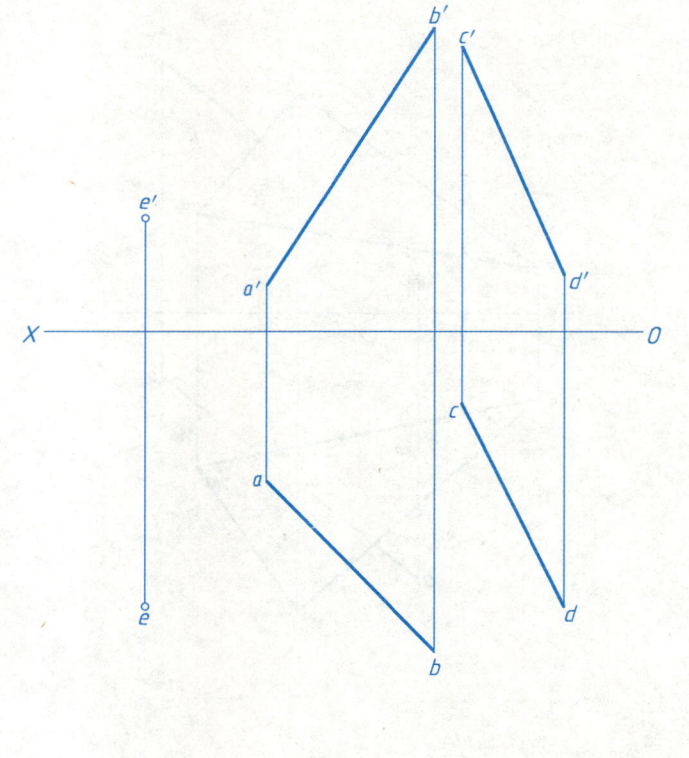

班级　　　学号　　　姓名

3-10 过点 A 作一直线，使之与 $\triangle DEF$ 平行且与直线 BC 相交。

3-11 以 $\triangle ABC$ 为对称面，求点 D 的对称点 D_1。

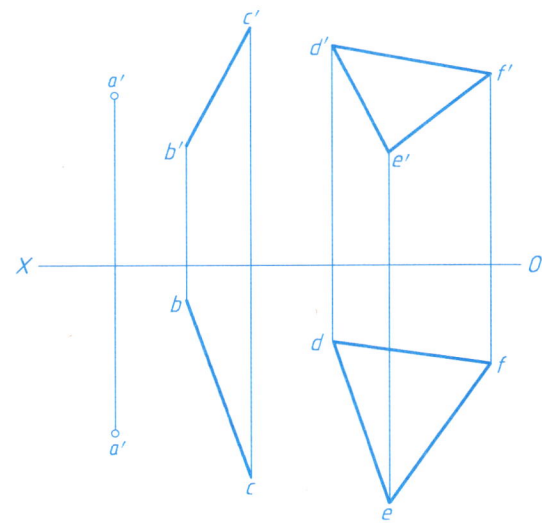
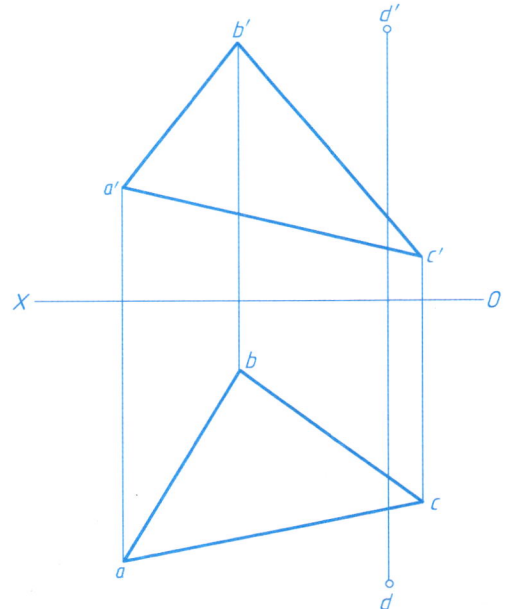

班级　　　学号　　　姓名

3-12 过点 B 作一平面垂直于直线 AB。

3-13 求点 C 到直线 AB 的距离。

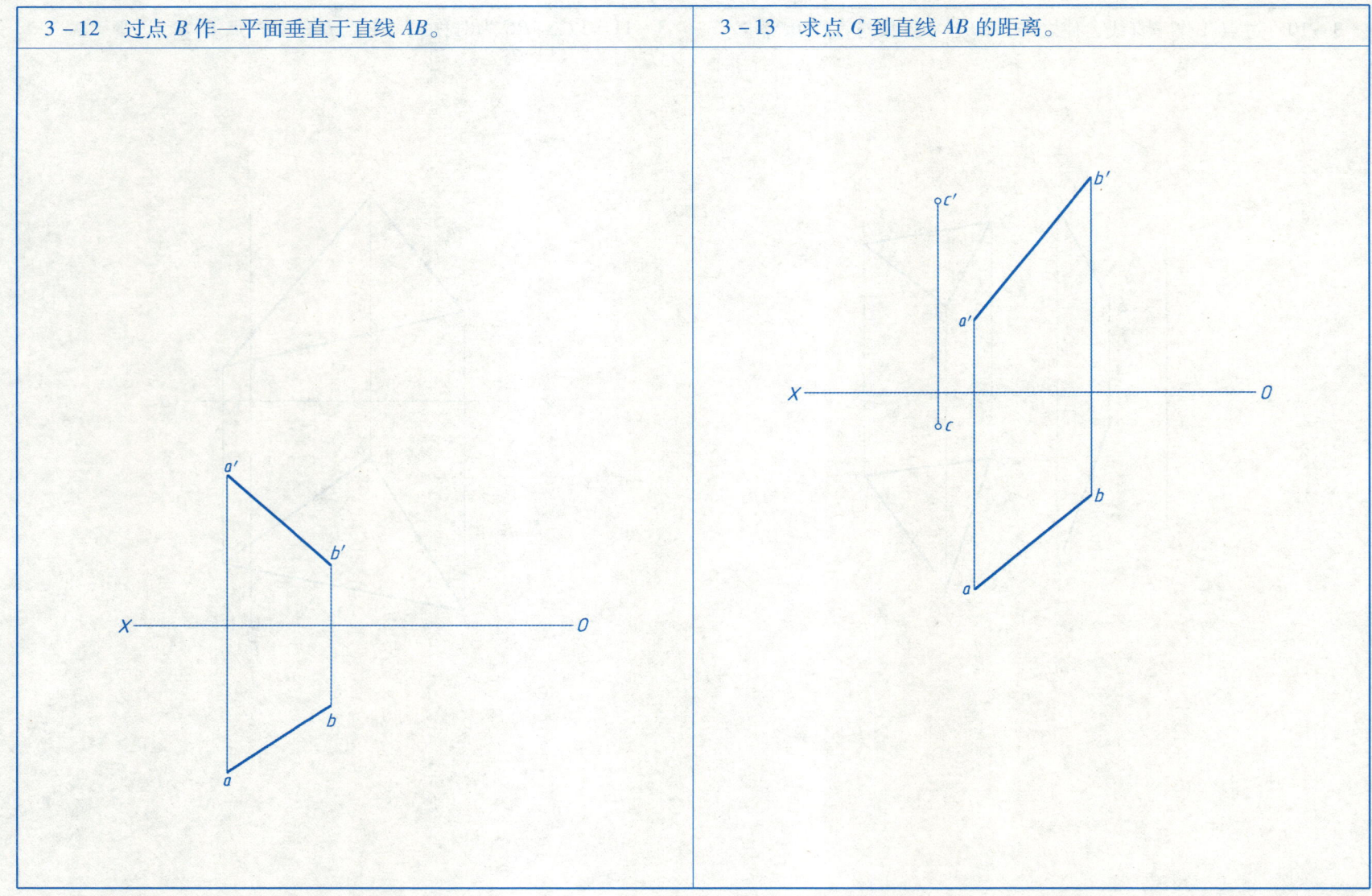

班级　　　学号　　　姓名

3-14 求直线 CD 上与 AB 线段端点等距离的点。

3-15 已知△ABC⊥△DEF，求△d′e′f′。

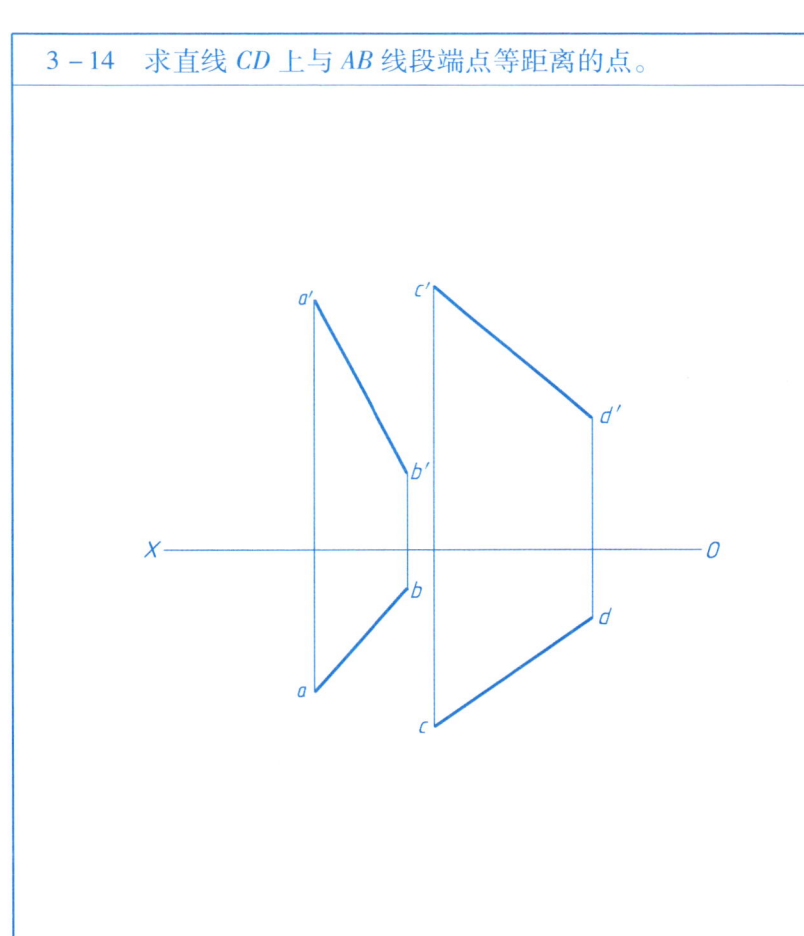
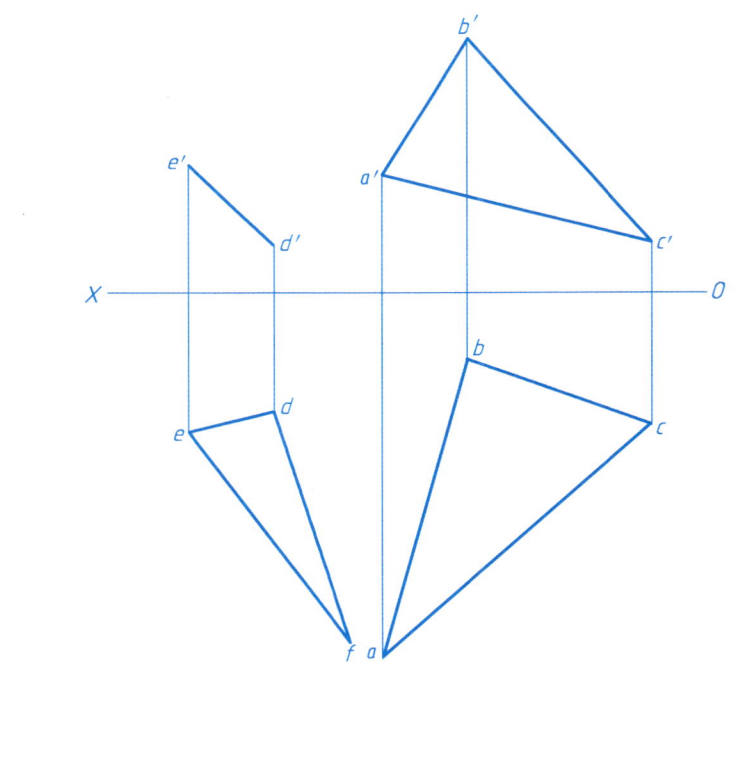

3-16 试在直线 EF 上找一点，使与 △ABC 相距 20mm。

3-17 已知等边 △ABC 的底边 BC 在直线 MN 上，求作此三角形。

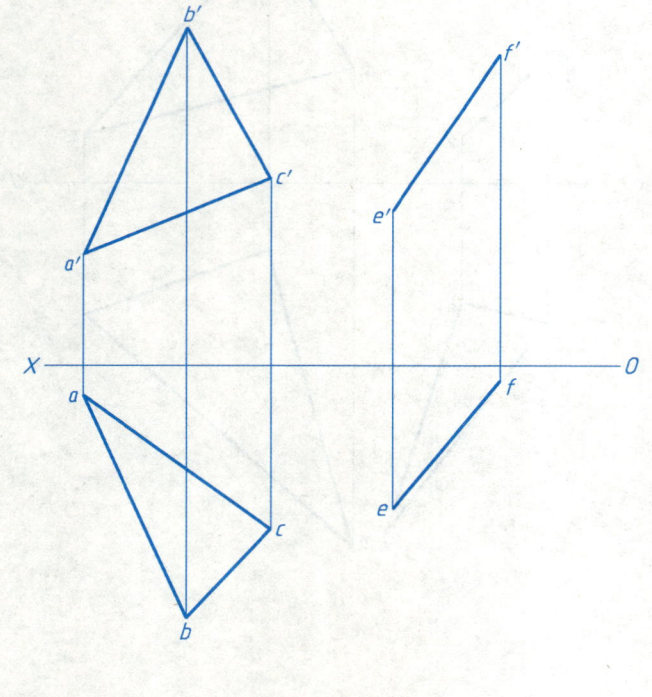
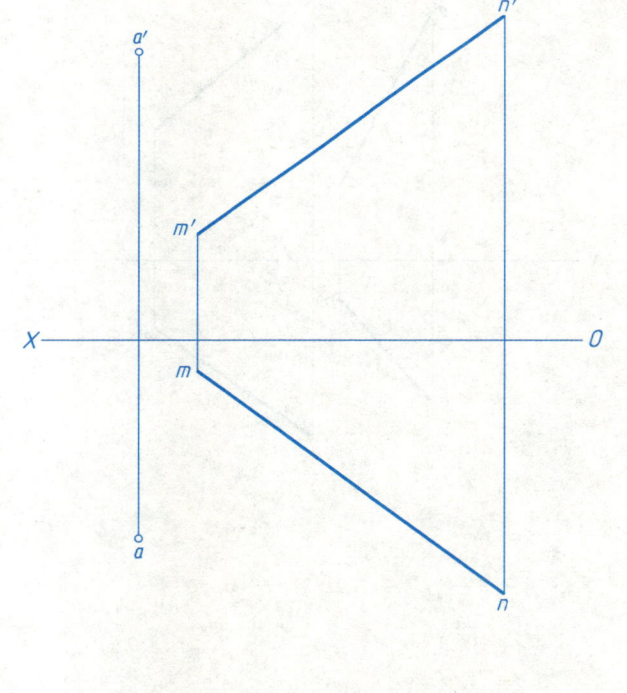

3-18 作一直线 MN 与 △ABC 垂直，并与直线 EF、GH 相交。

3-19 过点 N 作一平面垂直于 △CDE，并平行于直线 AB。

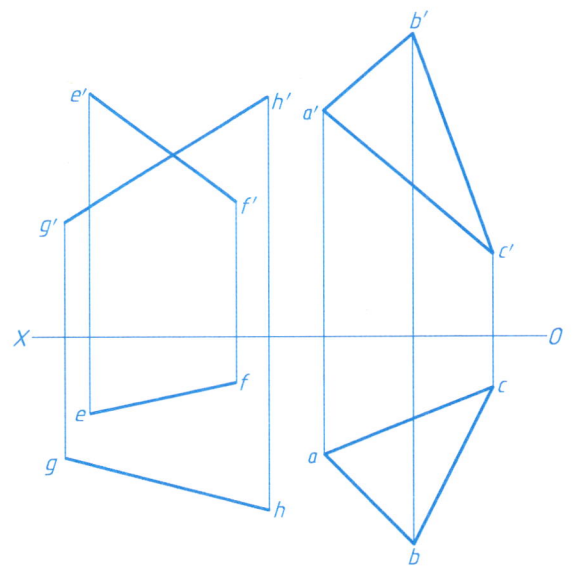
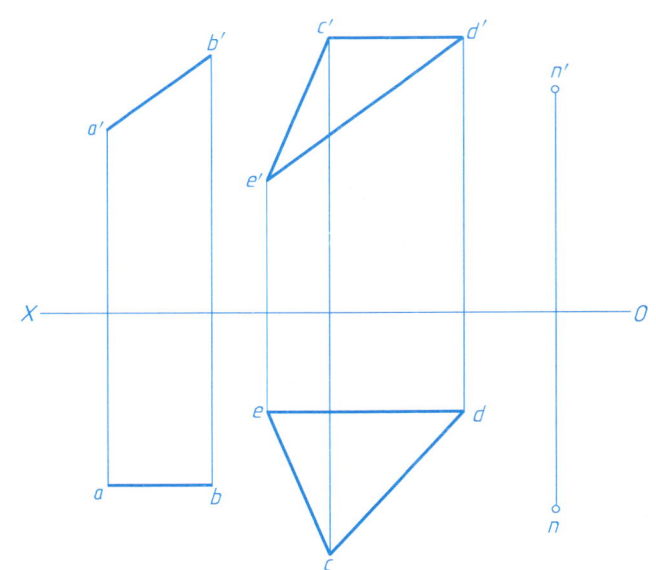

班级　　　学号　　　姓名

3-20 求直线 MN 与 △ABC 的夹角（一）。

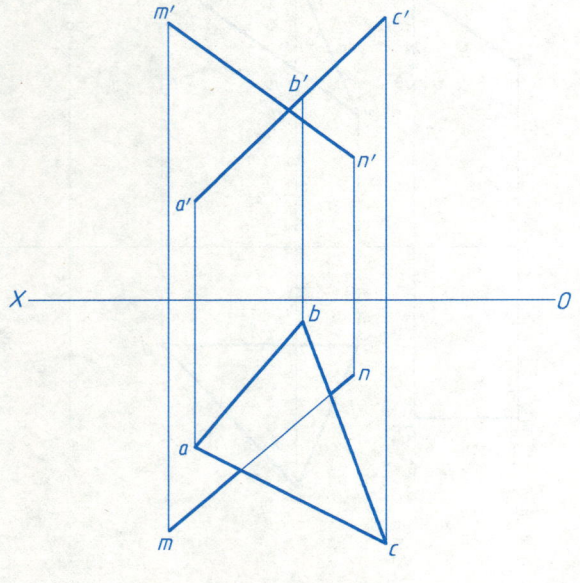

3-21 求直线 MN 与 △ABC 的夹角（二）。

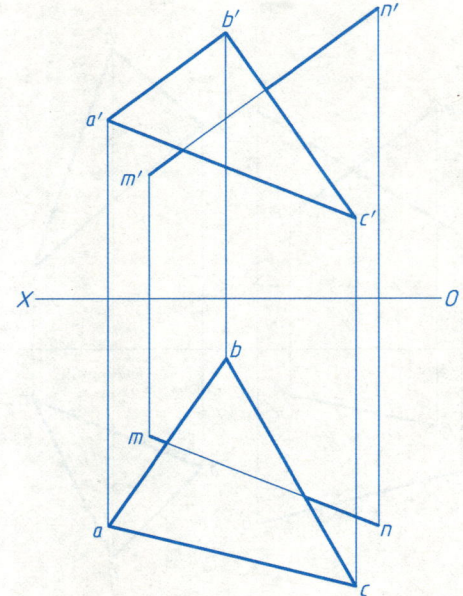

班级　　　学号　　　姓名

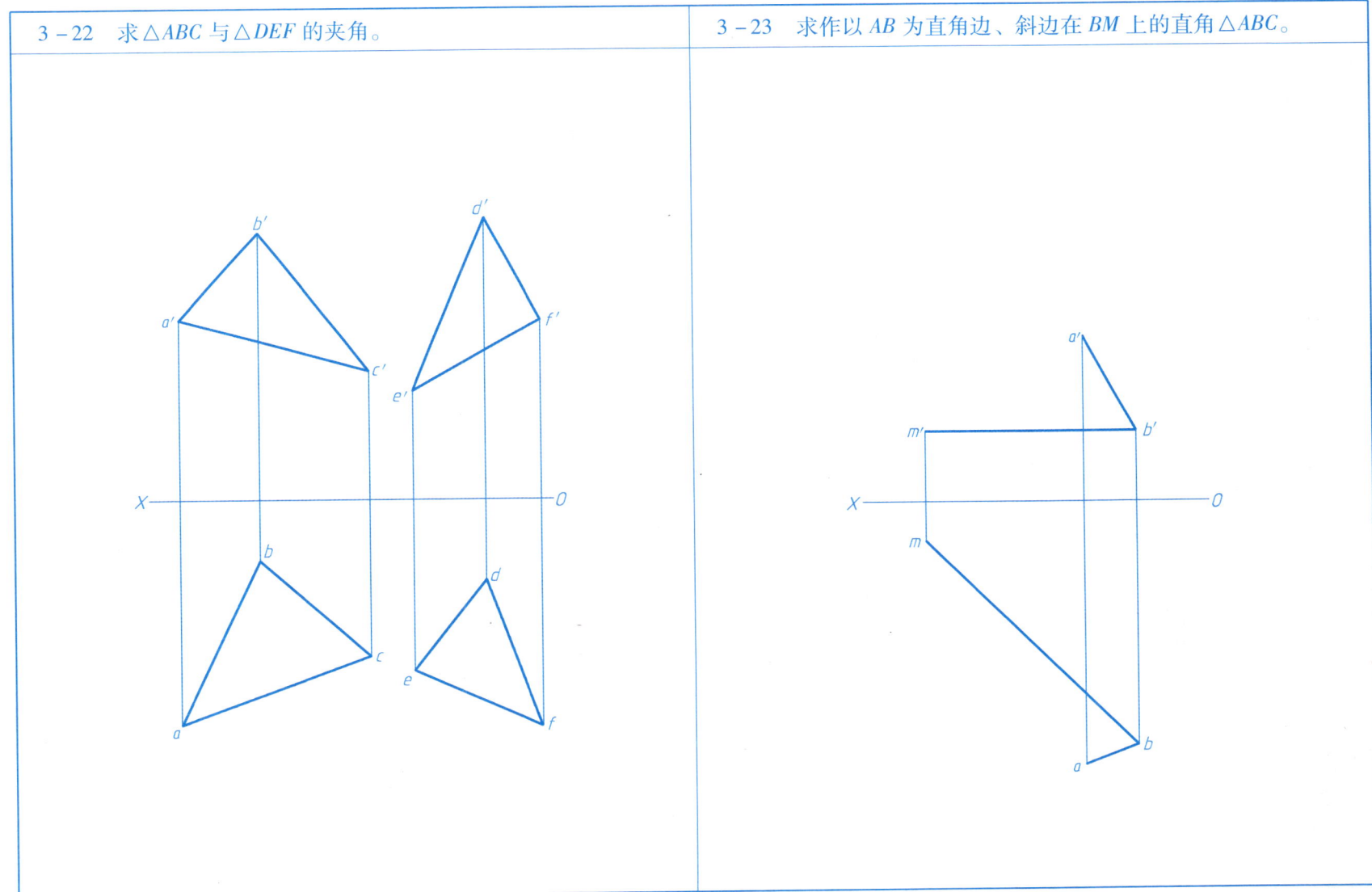

3-24 已知平行四边形 ABCD 的 AD 边在直线 AE 上，另一边 AB 平行于 △LMN，且点 B 在直线 FG 上，并知对角线 BD 与 AD 垂直相交，试画出平行四边形的两面投影。

3-25 过直线 AB 作一平面，使 $\beta = 60°$。

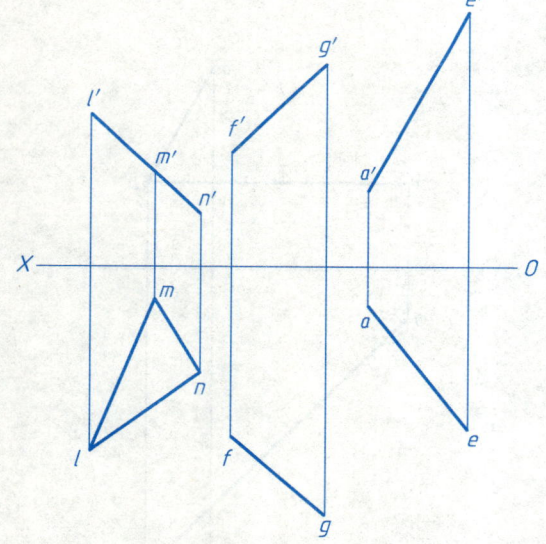

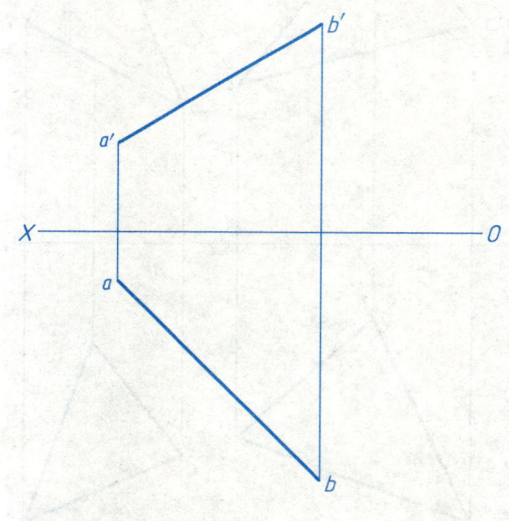

班级　　　学号　　　姓名

第四部分 投影变换

4-1 用换面法求线段 AB 的实长及 α、β；在线段 AB 上取一点 C，使 AC=20mm，并求出点 C 的投影。

4-2 已知线段 AB 长 45mm，求作 $a'b'$。

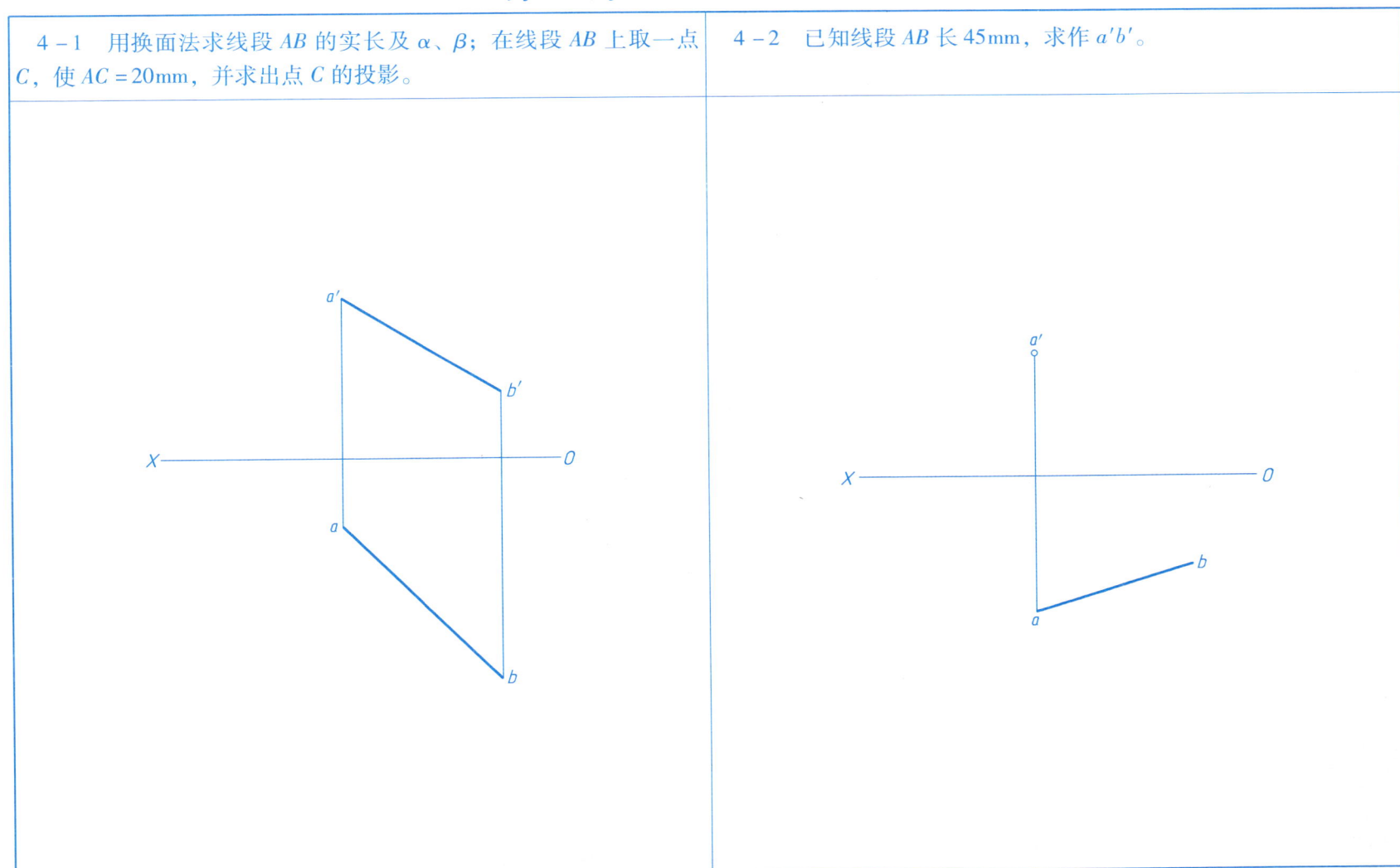

4-3 已知直线 AB 对 V 面的倾角为 30°，求作 ab。

4-4 将直线 AB 变换为新投影面的垂直线。

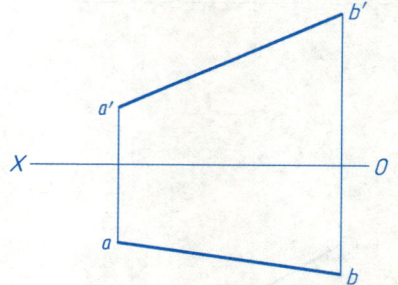

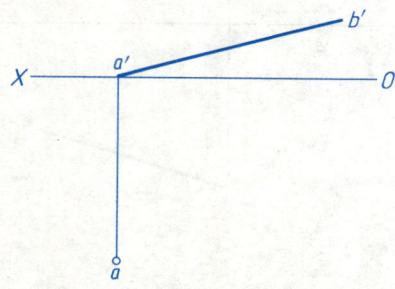

4-5 在直线 AB 上取一点 E，使它与 C、D 两点等距。

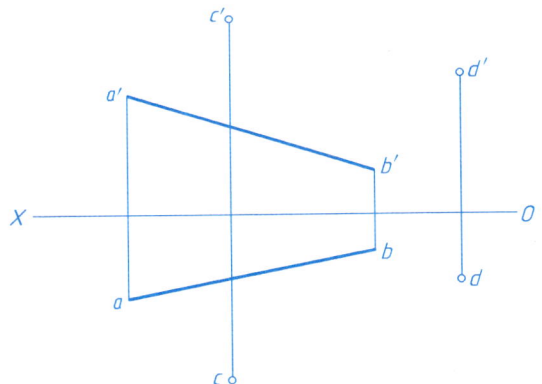

4-6 求 △ABC 的内心。

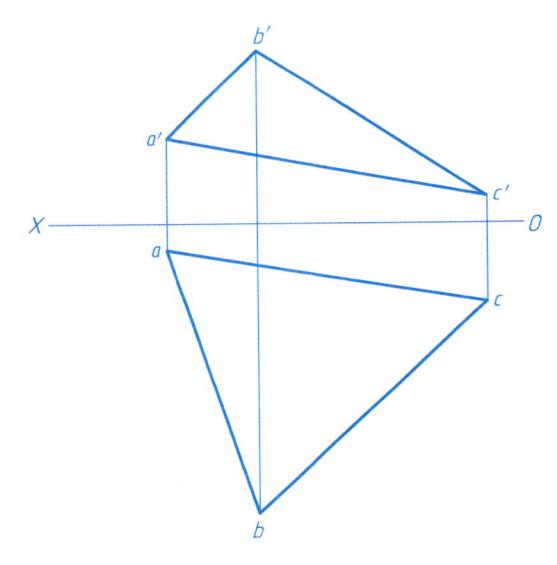

4-7 已知直线 AD 为 △ABC 平面内的水平线，△ABC 对 H 面的倾角 α=30°，求作 △abc。

4-8 自点 D 作 △ABC 的垂线，并求点 D 至该平面的距离。

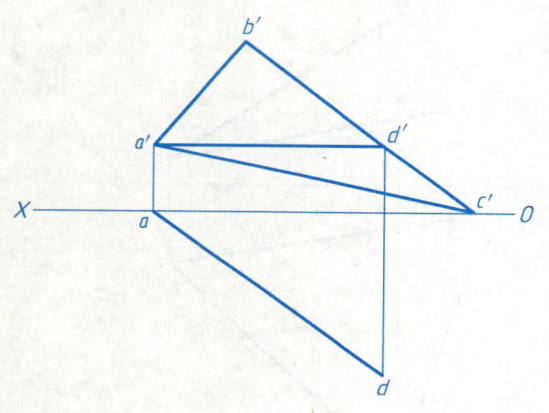
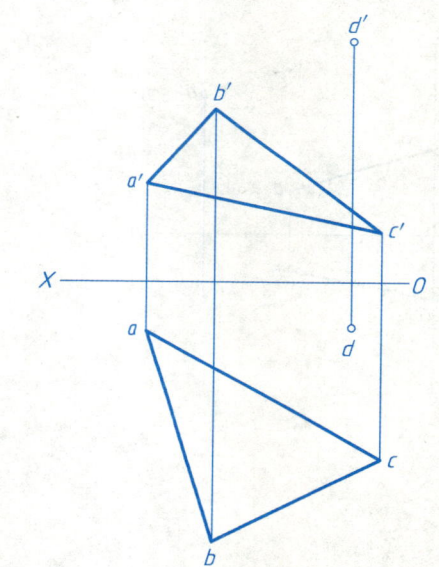

4-9 已知△ABC 与 P 平面相距 30mm，求△abc。

4-10 直线 AB 与 CD 平行且相距 15mm，求 ab。

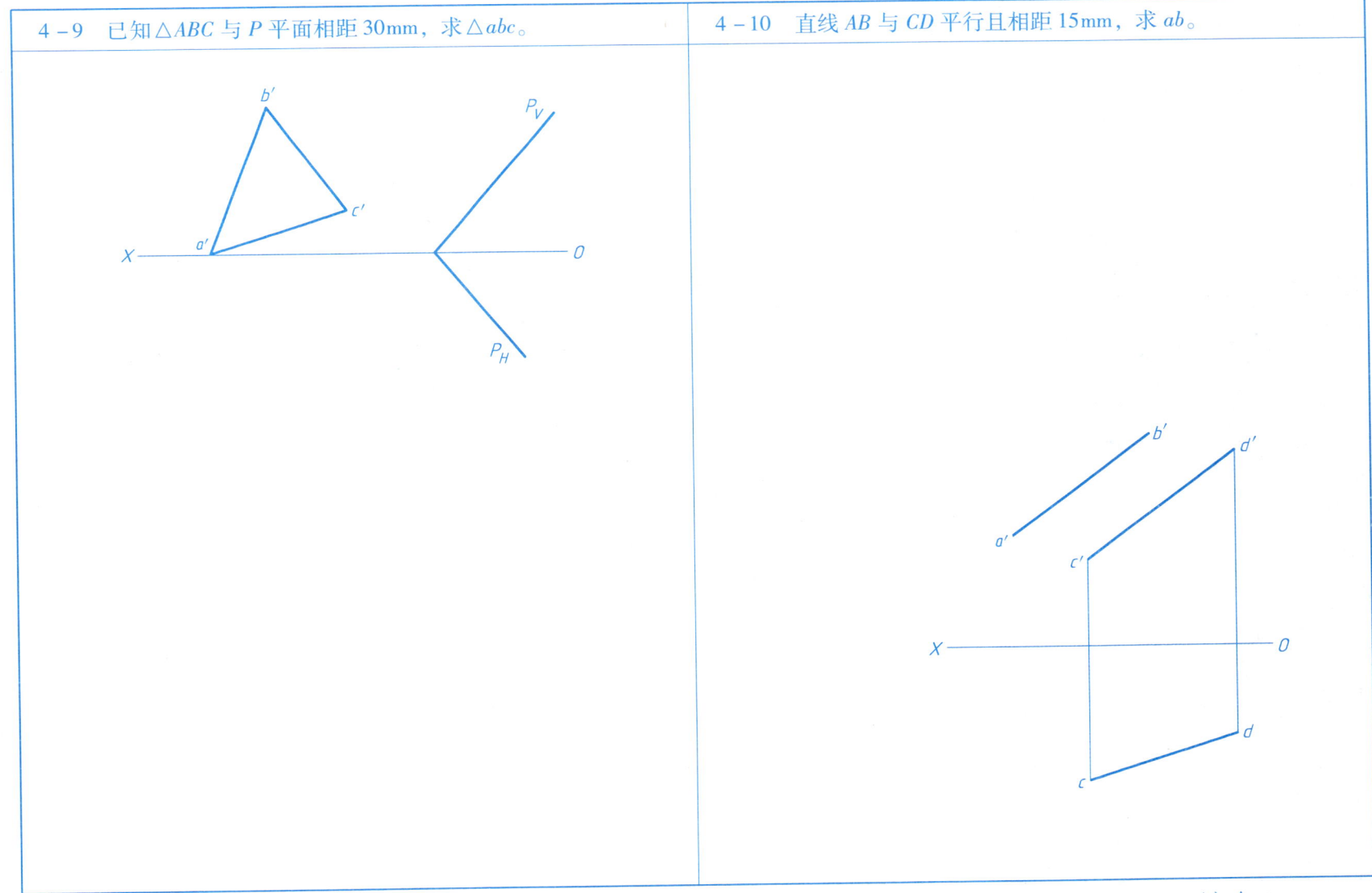

4-11 求直线 DE 在 △ABC 平面上的投影。

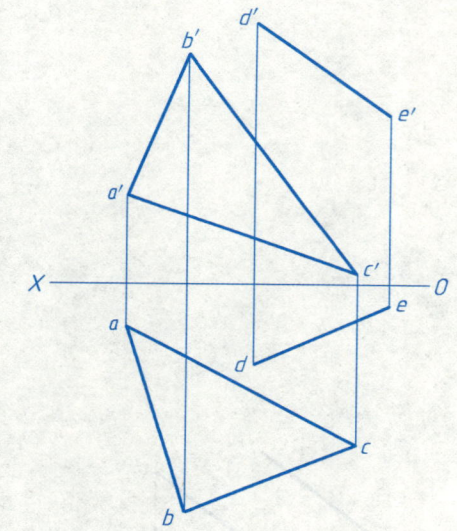

4-12 求直线 DE 与 △ABC 的夹角（用余角法）。

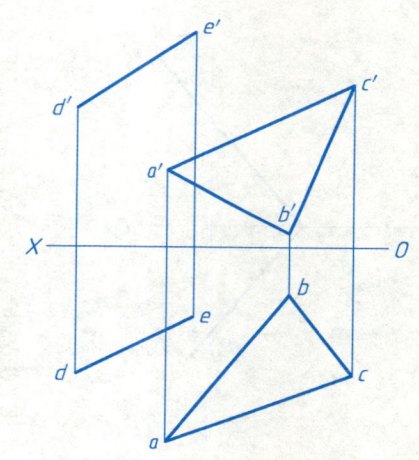

4-13 已知正方形 ABCD 的一边 AB 为正平线,该平面与 V 面的倾角 β=30°,试作出正方形 ABCD 的投影。

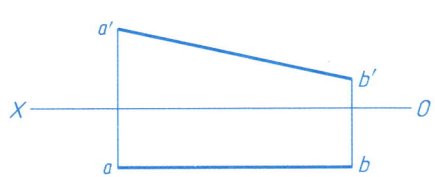

4-14 过点 K 作直线平行于 △ABC,并与直线 EF 交于点 R。

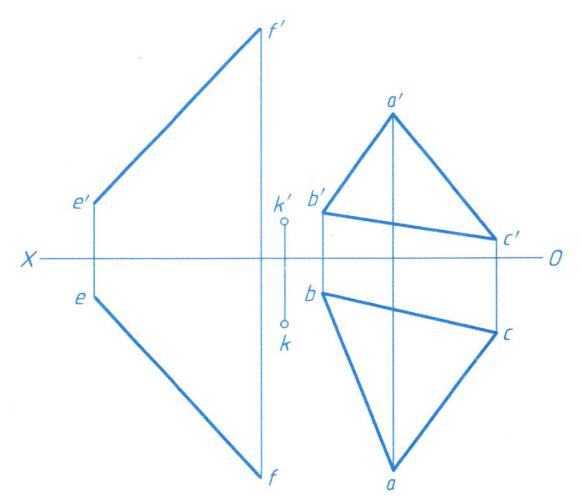

4-15 以 AB 为底边作一等腰△ABD，该三角形的高等于底边 AB 长度的一半，且△ABD 与△ABC 的夹角为 90°。

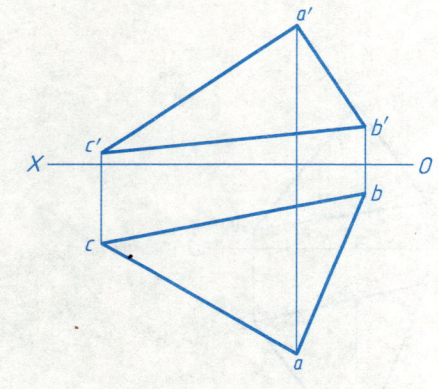

4-16 求交叉二直线 AB 和 CD 最短水平线距离的投影。

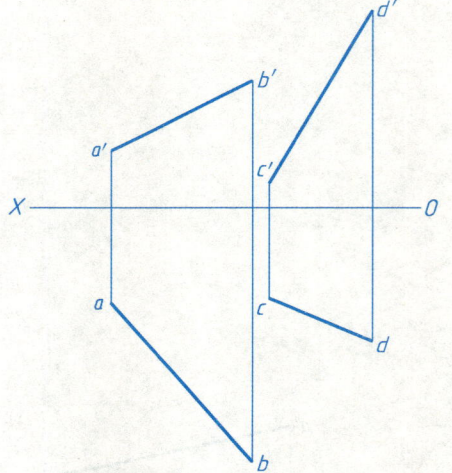

班级　　　学号　　　姓名

4-17 已知∠ABC = 90°，顶点 B 在直线 EF 上，求作直角△ABC。

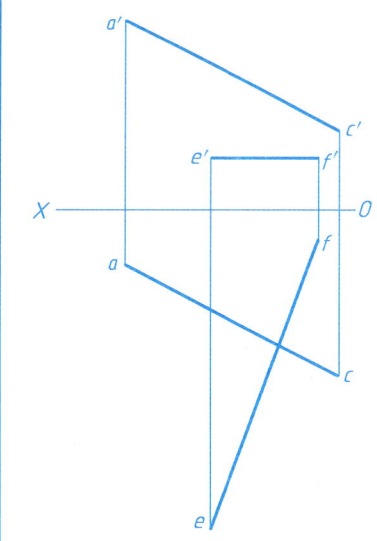

4-18 直线 DE 与△ABC 成 60°角，已知 d'e'和 d，求 de。

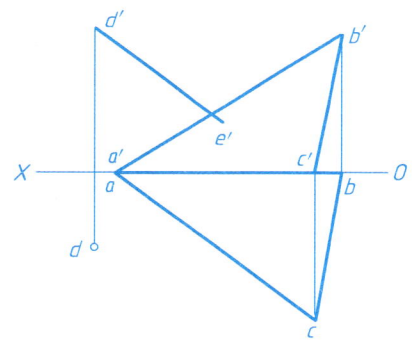

45

4-19 已知直线 AM 及 △ABC 的两面投影，在直线 AM 上求一点 K，使得点 K 到 △ABC 的距离为 30mm。

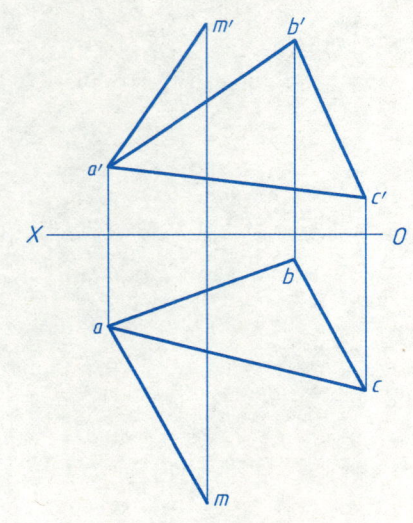

4-20 已知 △ABC 到点 D 的距离为 25mm，试补全 △ABC 的正面投影。

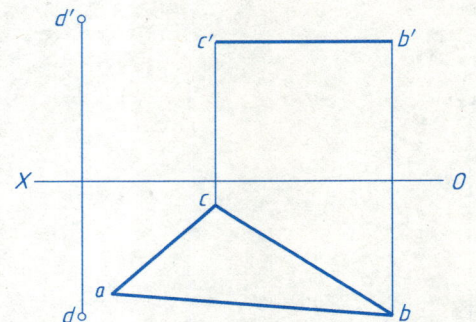

4-21 已知 $b'c'$ // OX 轴，且 de // OX 轴，试用换面法求 △ABC 与 △DEF 的夹角。

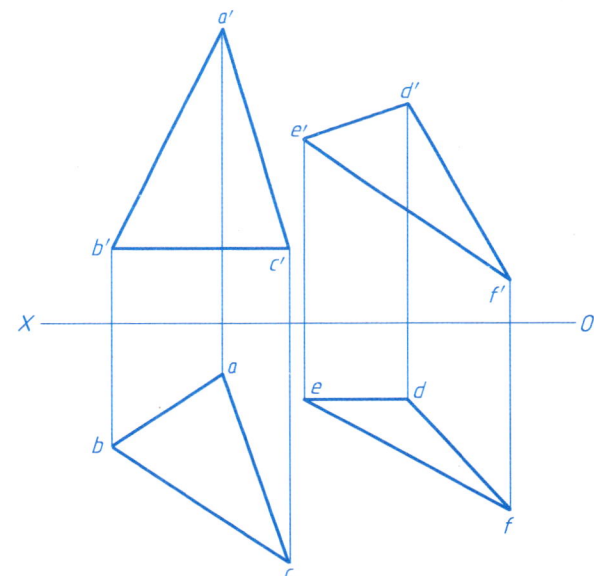

4-22 已知点 A 和顶点 S 的两面投影,直线 SN 是棱锥高线,试用换面法求作正四棱锥 S－ABCD 的两面投影。

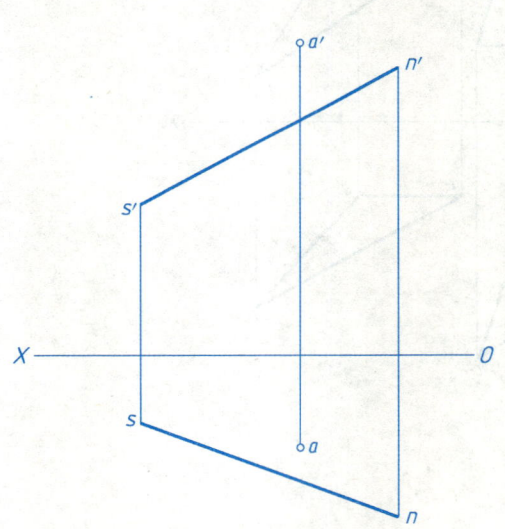

4-23 在直线 EF 上求一点 K，使点 K 与 △ABC 和 △ABD 等距。

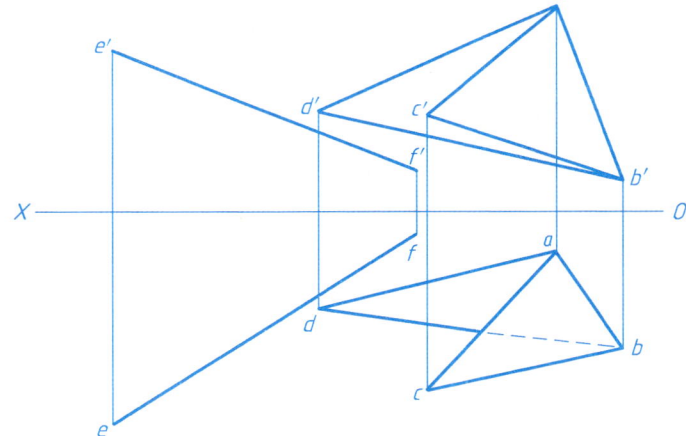

4-24 求作一直线 KR 与已知四条直线 AB、CD、EF、GH 均相交，其中 AB//CD。

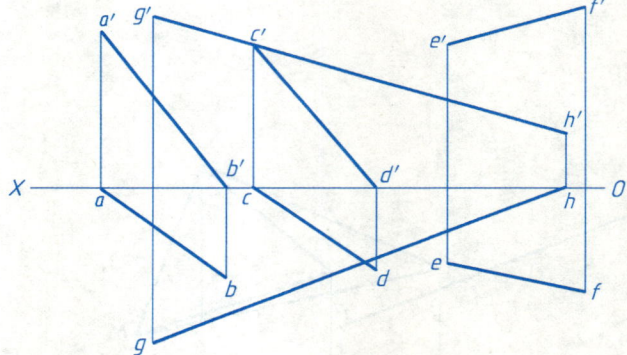

4-25 已知线段 AB 长 50mm，试用旋转法求该线段的水平投影。

4-26 求 △ABC 绕点 A 且垂直于 V 面的轴顺时针旋转 45°后的投影。

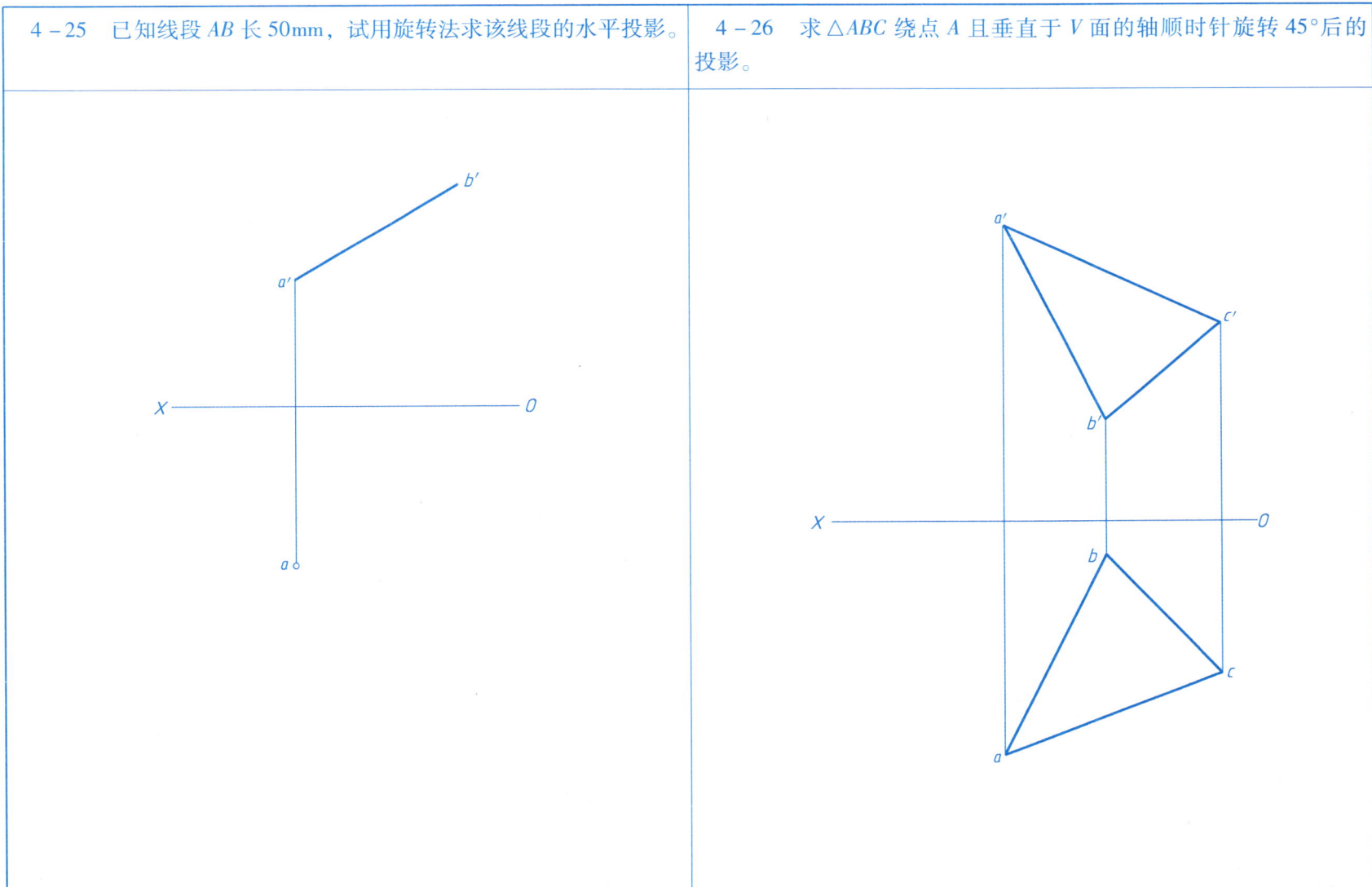

4-27 将点 M 绕 kk' 旋转到 □ABCD 平面上。

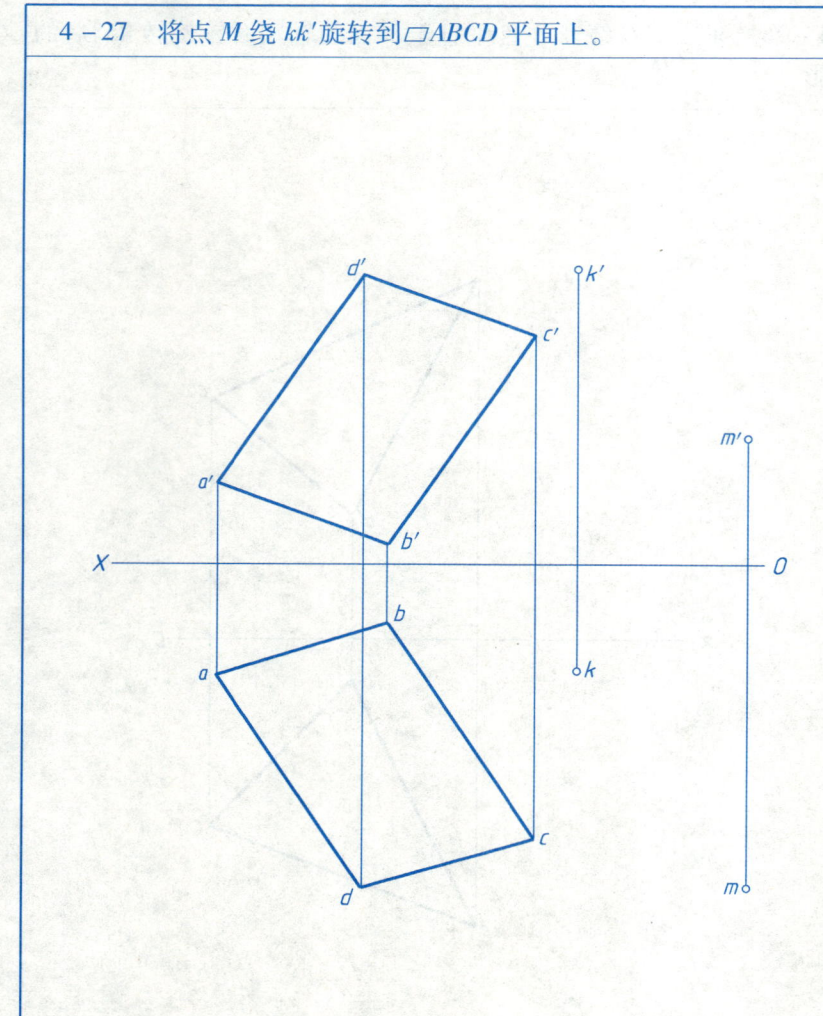

4-28 已知等腰 △ABC，其中 AB=BC，求正面投影。

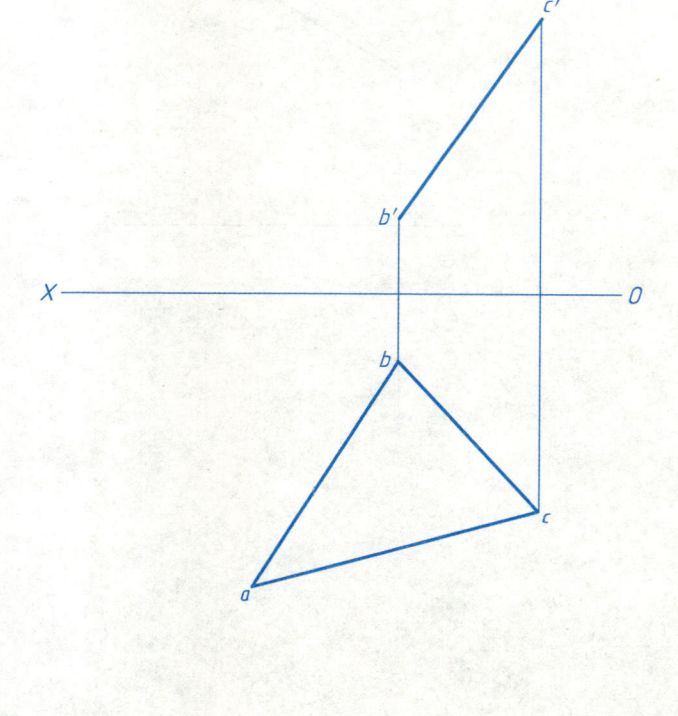

班级　　　学号　　　姓名

4-29 用绕垂直轴旋转法求点 E 至 ⏢ABCD 平面的距离。

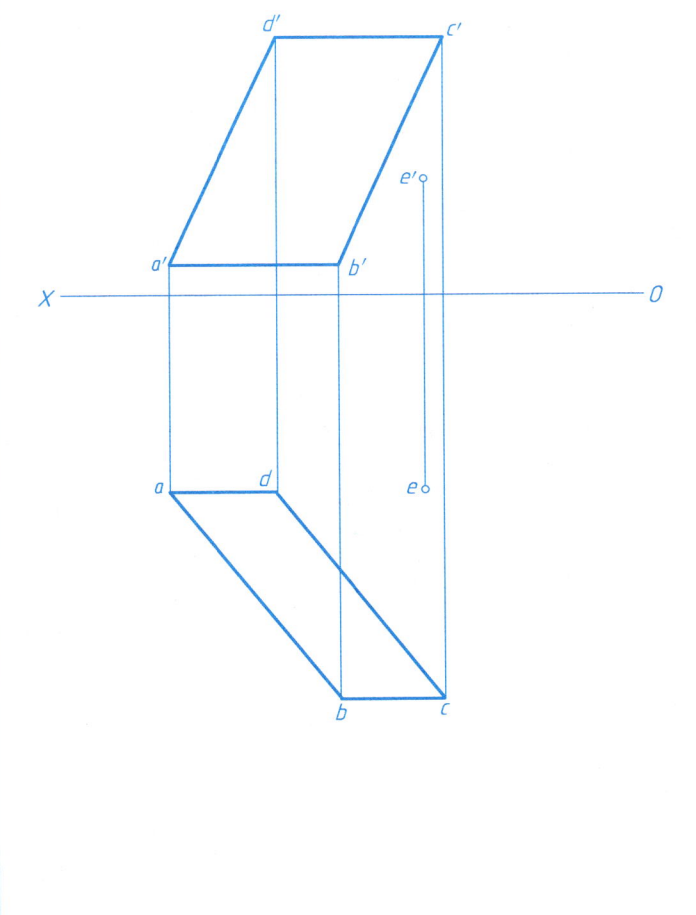

4-30 在 △ABC 内作一直线 AD，使 AD 与 H 面的夹角为30°。

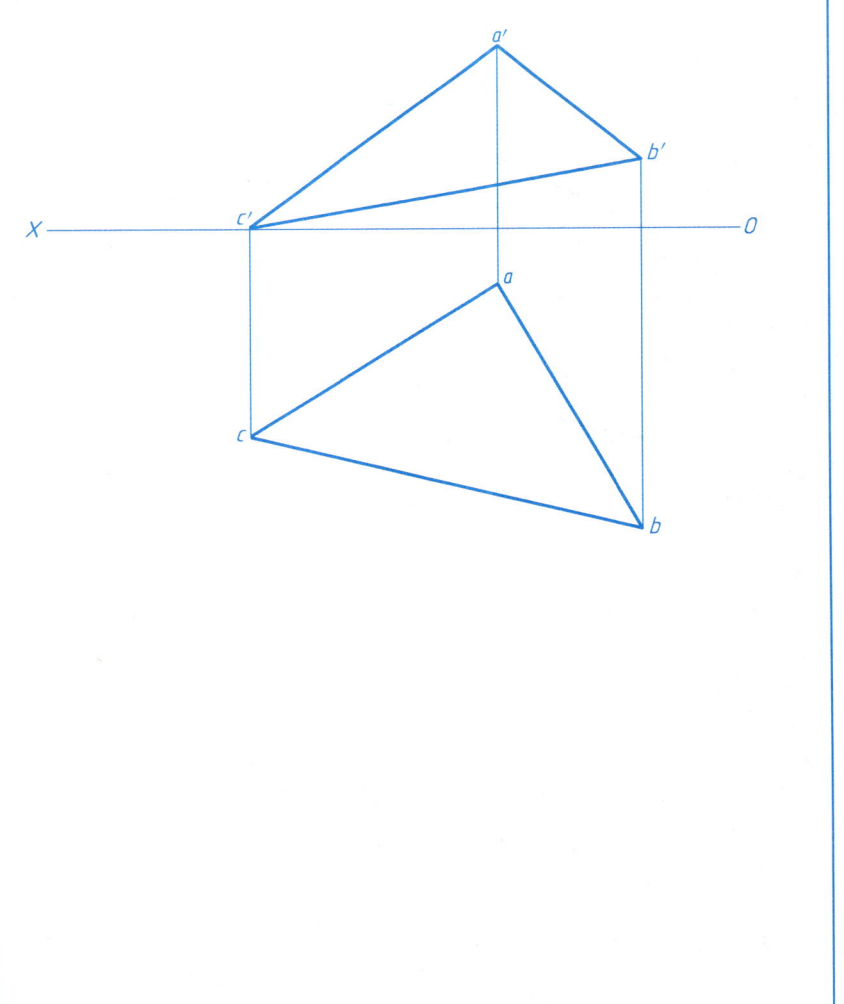

班级　　　学号　　　姓名

4-31 作出点 C 绕直线 AB 旋转 90° 后的投影。

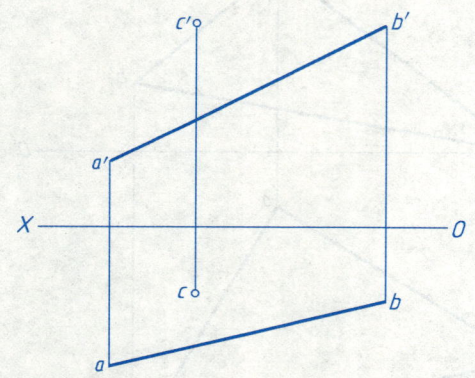

4-32 将点 M 绕直线 AB 旋转至 △DEF 上。

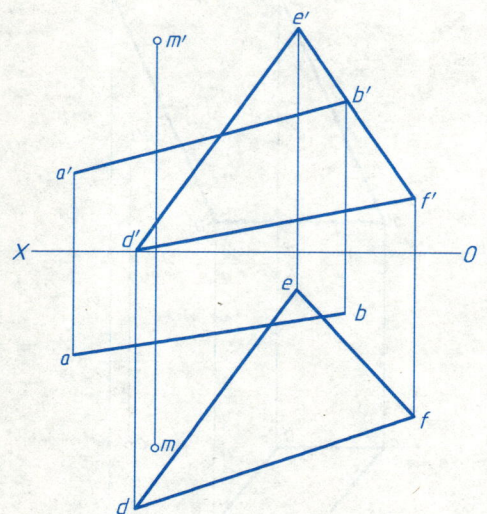

班级　　　　学号　　　　姓名

4-33 已知∠ABC=120°，求直线AB的水平投影。

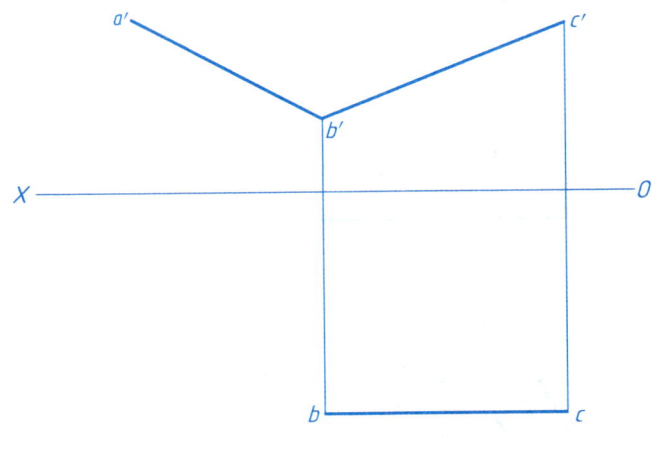

第五部分 立 体

5-1 补全正五棱柱的水平投影，并画出属于棱柱表面的点 A、B 及线段 CD 的其余两面投影。

5-2 补画出正六棱台的侧面投影，并补全属于棱台表面的线段 AB、BC、CD 的其余两面投影。

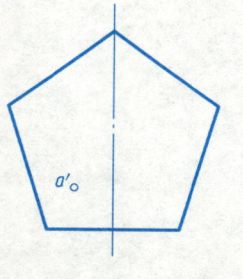
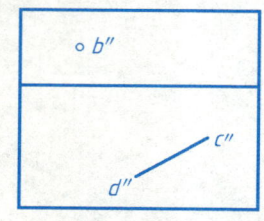
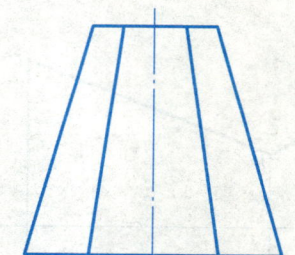
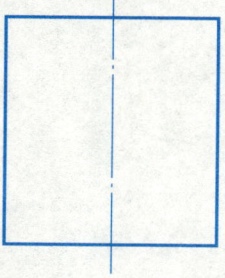
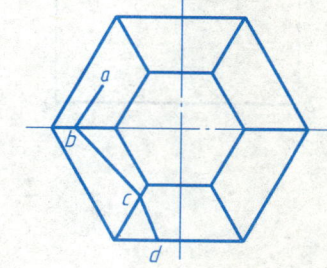

班级　　　　学号　　　　姓名

5-3 求作斜三棱柱表面上点 K 和折线 GH 的另一投影。

5-4 已知棱锥的两投影，求出第三投影，并补全表面点 D 和折线 EGF 的投影。

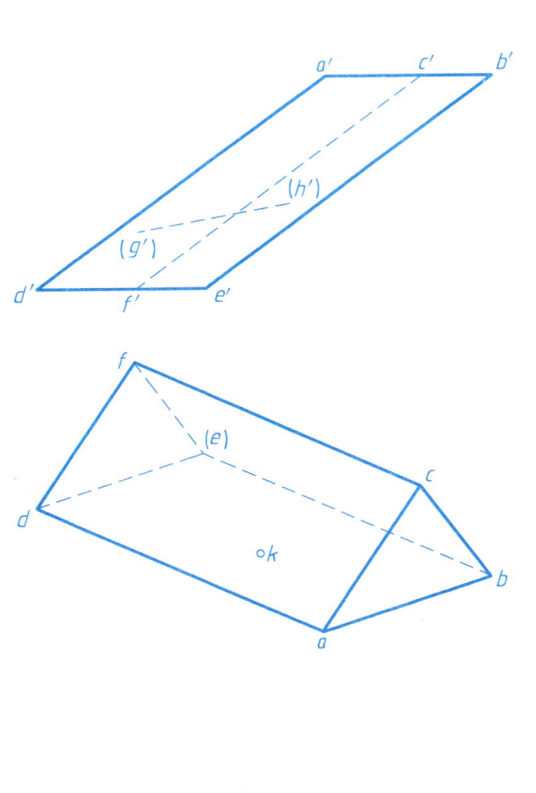
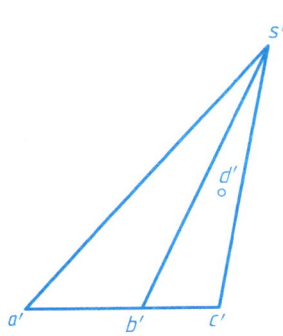
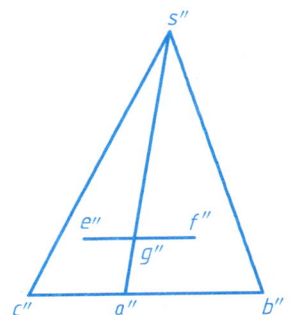

班级　　　　学号　　　　姓名

5-5 已知圆柱体表面上点和线段的一个投影,求另外两个投影。

5-6 已知圆锥上点和线段的一个投影,求其余两个投影。

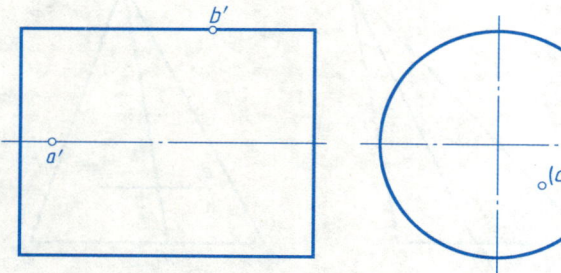

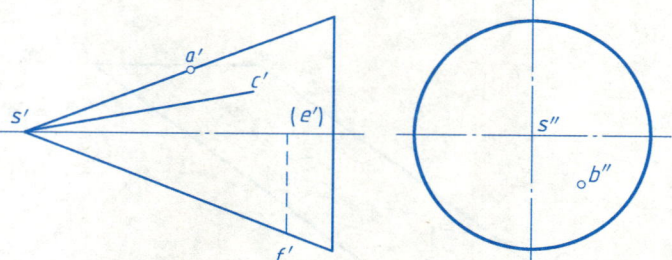

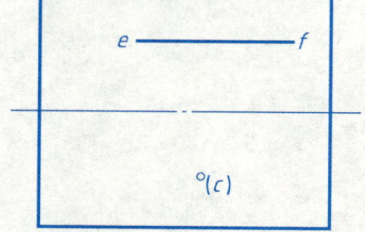

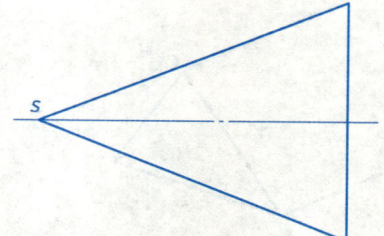

班级　　　学号　　　姓名

5-7 根据球面上点 A、B、C 和曲线 EF 的一个投影，求另外两个投影。

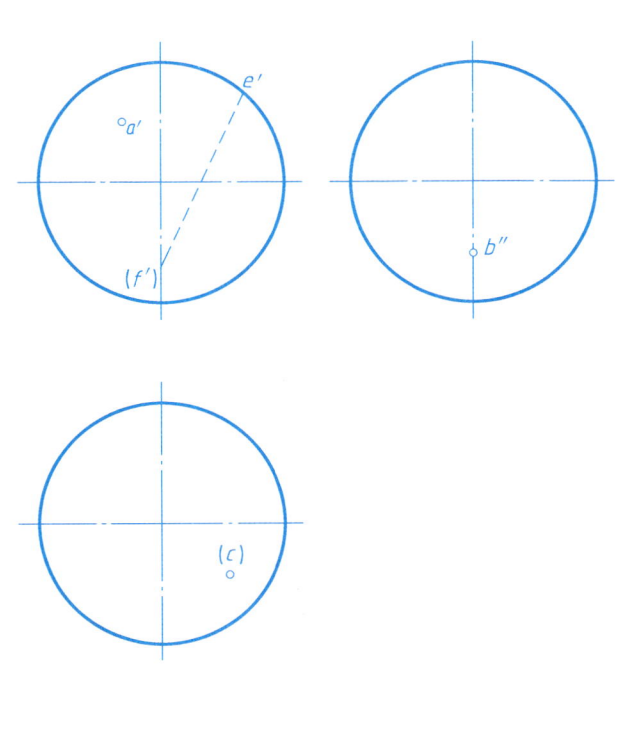

5-8 根据圆环面上点 A、B、C 和曲线 EF 的一个投影，求另一个投影。

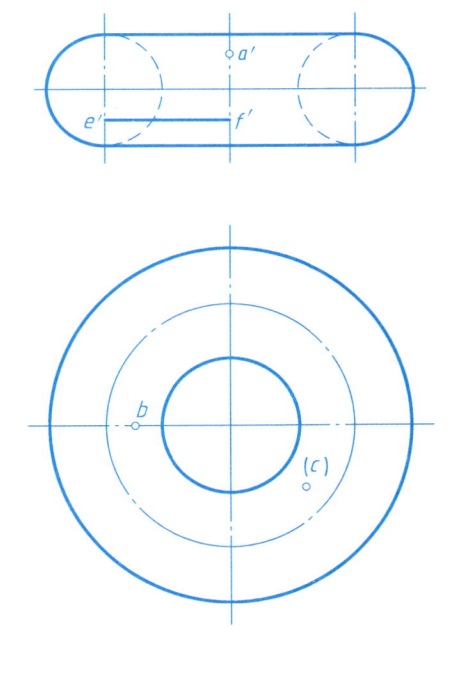

班级　　　　学号　　　　姓名

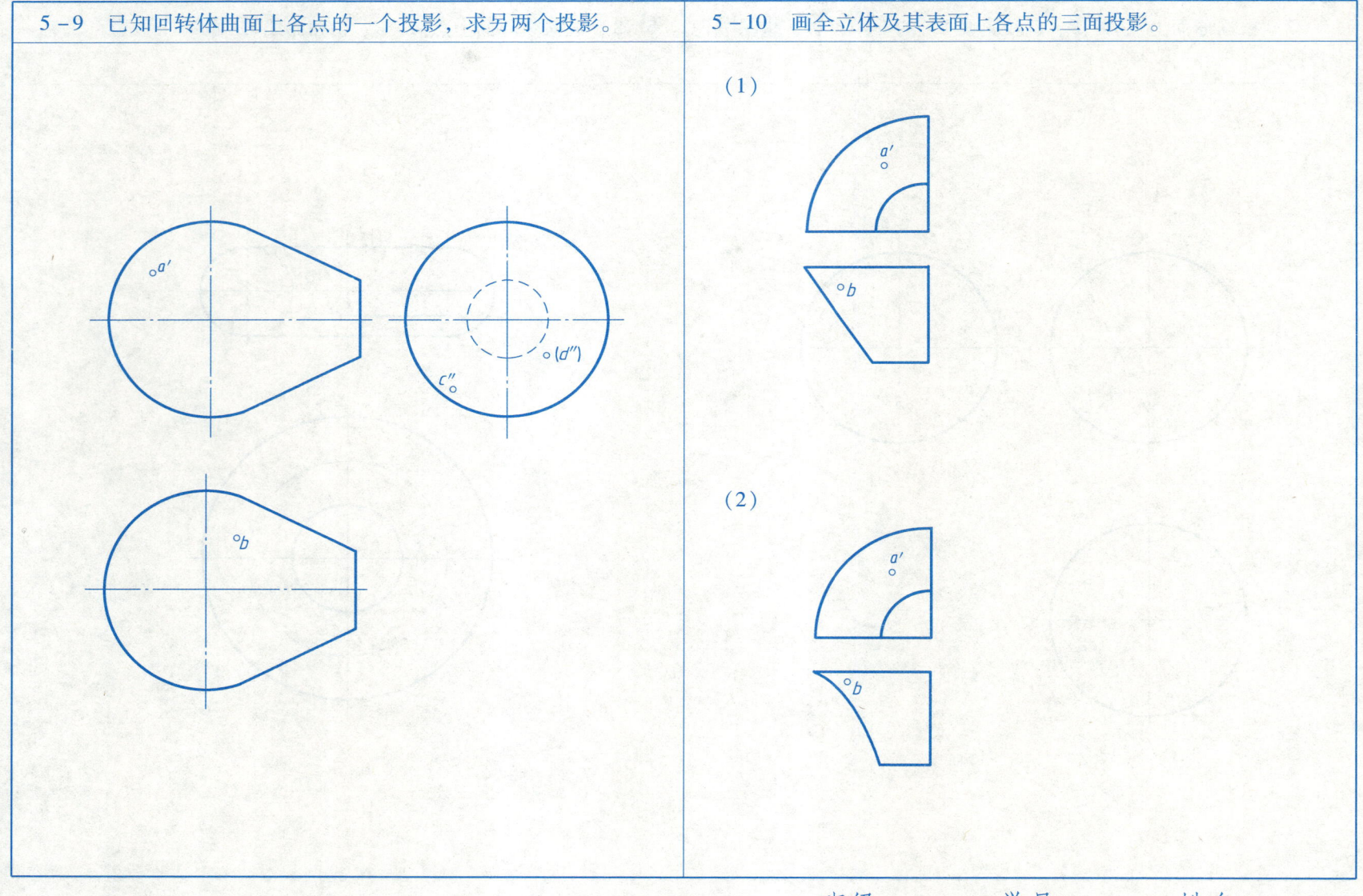

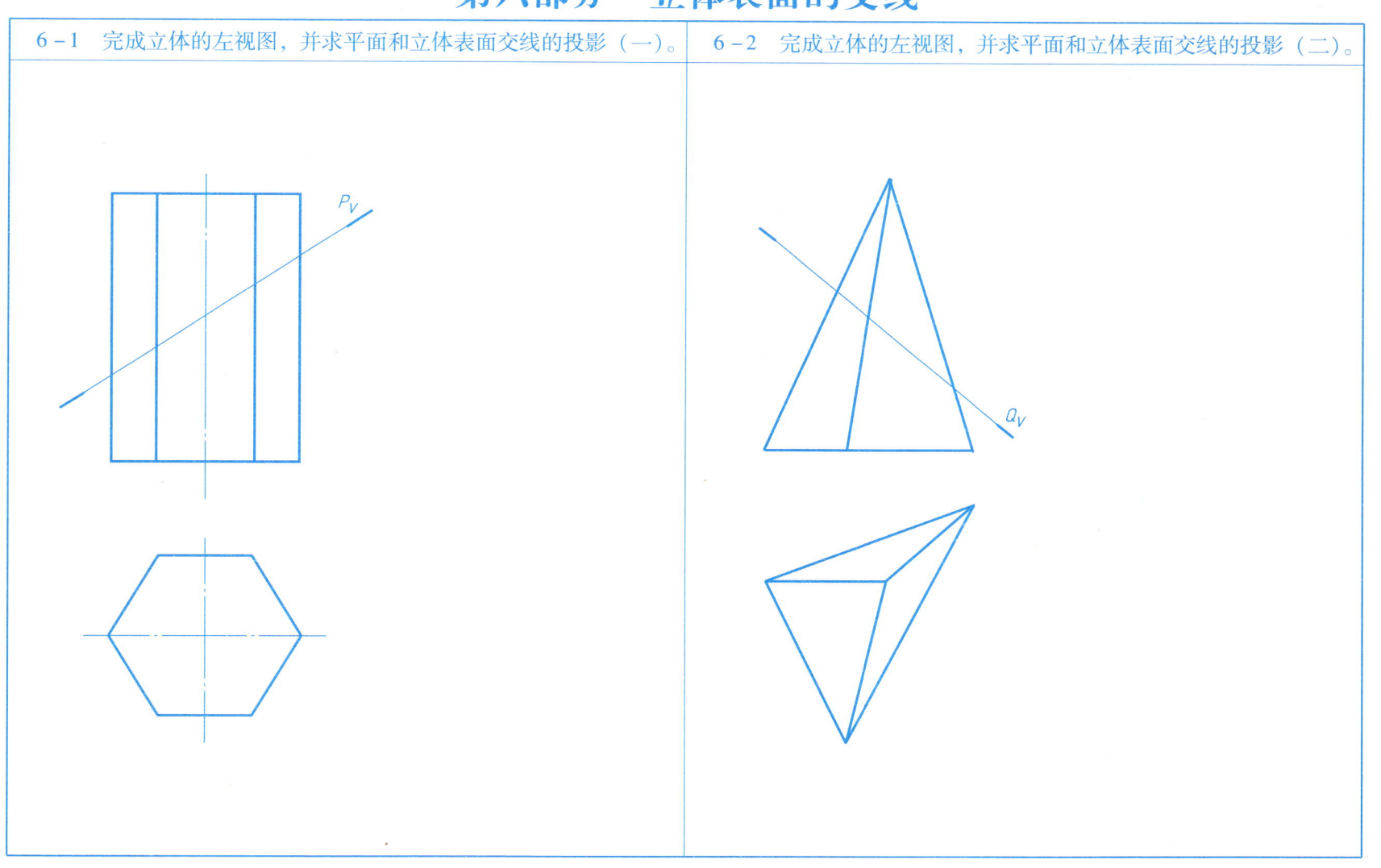

6-3 完成俯视图和左视图。

6-4 求截交线的正面投影。

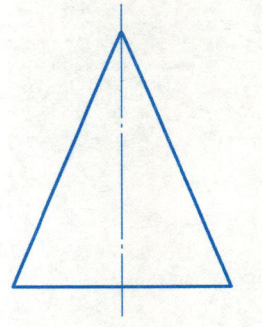
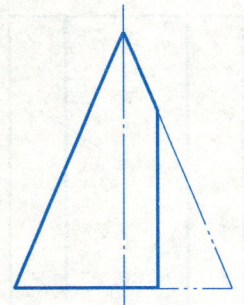
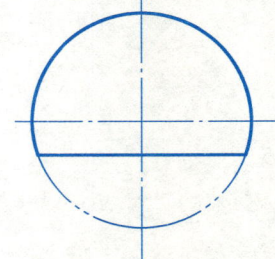

班级　　　　学号　　　　姓名

6-5 完成直立圆锥被侧垂面截切的投影。

6-6 求出圆球被铅垂面截切的投影。

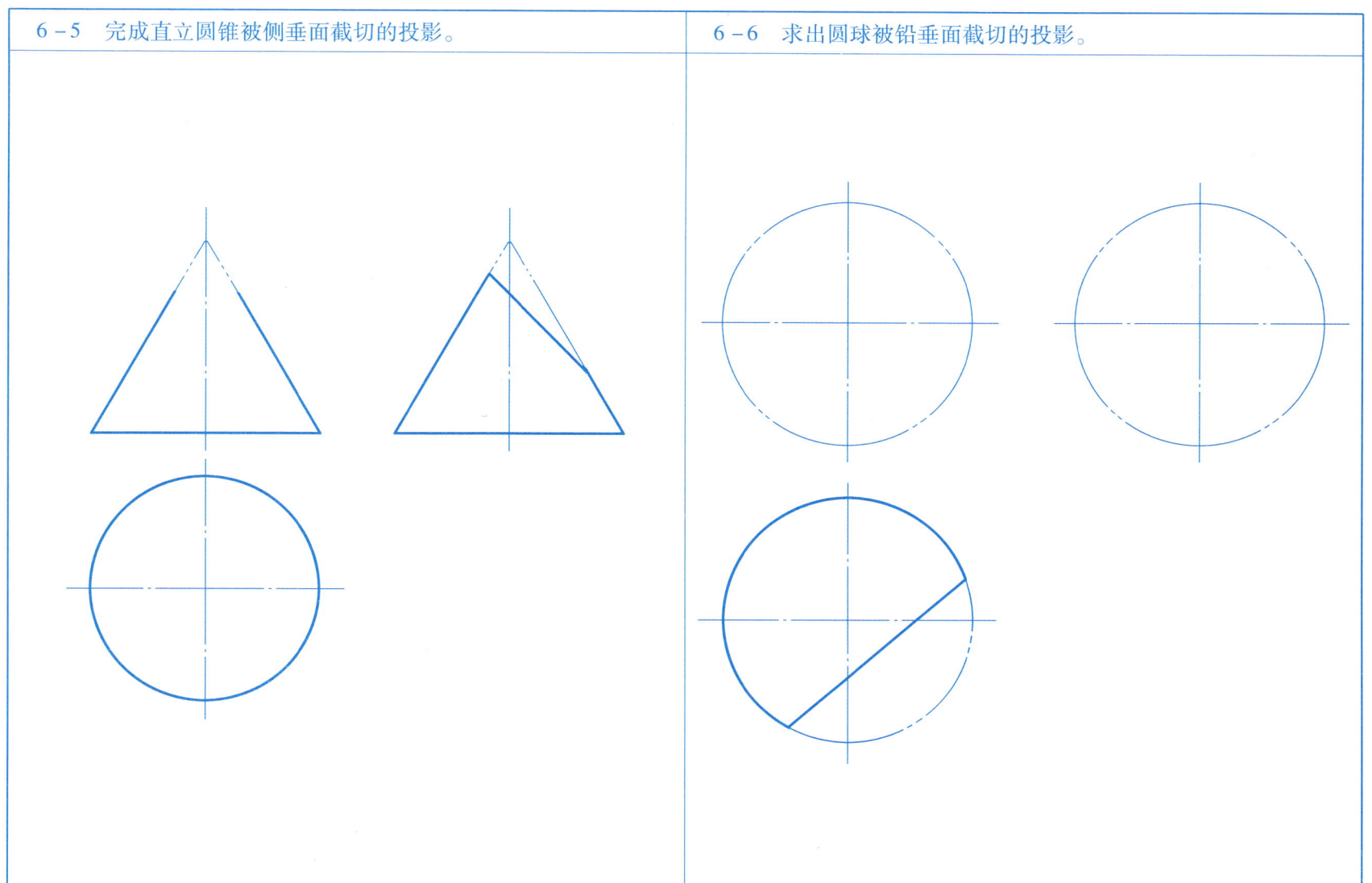

6-7 分析截交线的性质，并完成截切立体的正面投影图。

6-8 补全四棱台截切后的水平投影，并补画侧面投影。

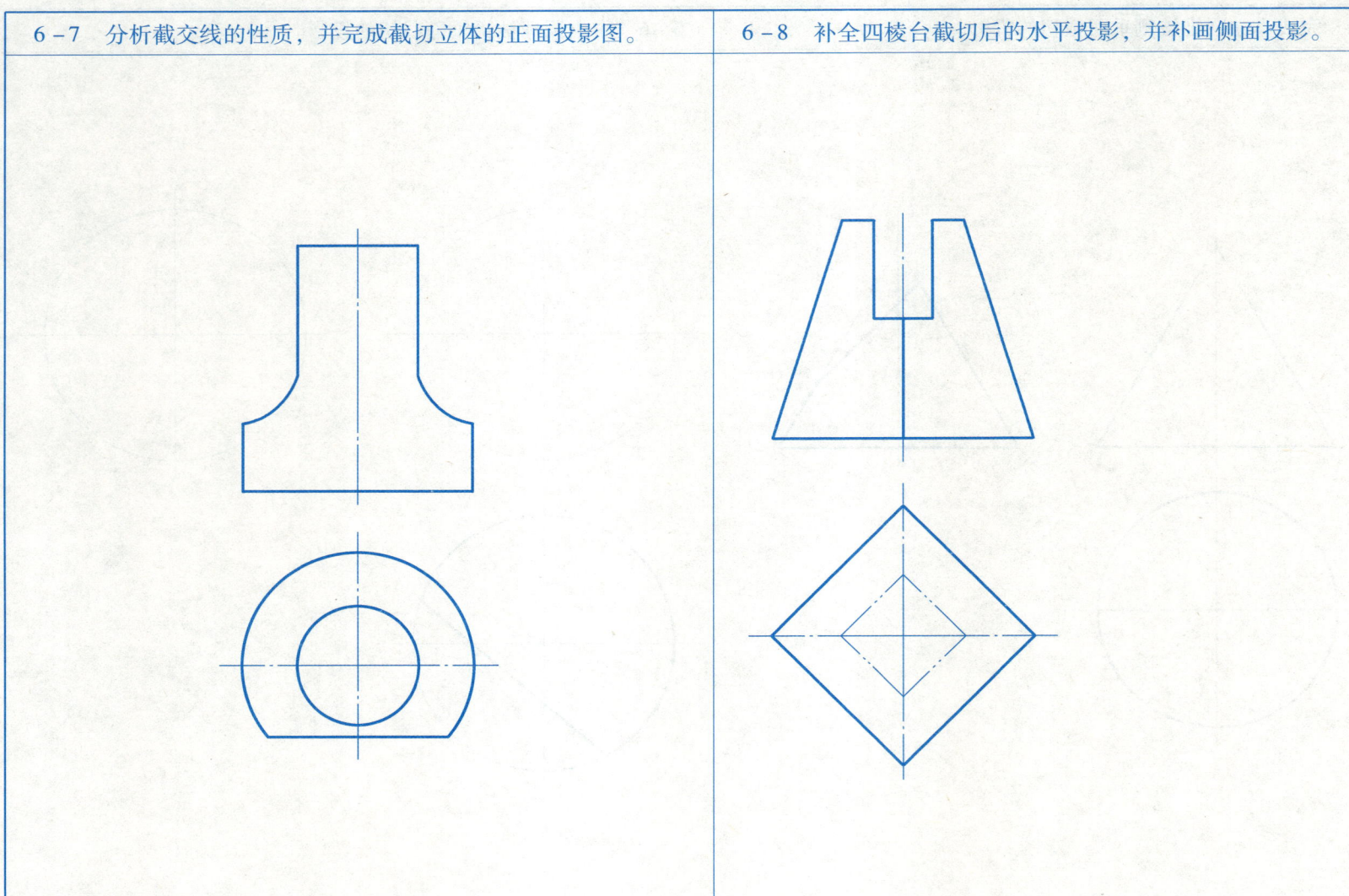

班级　　　学号　　　姓名

6-9 完成切口三棱锥的水平投影，并补画侧面投影。

6-10 补画左视图。

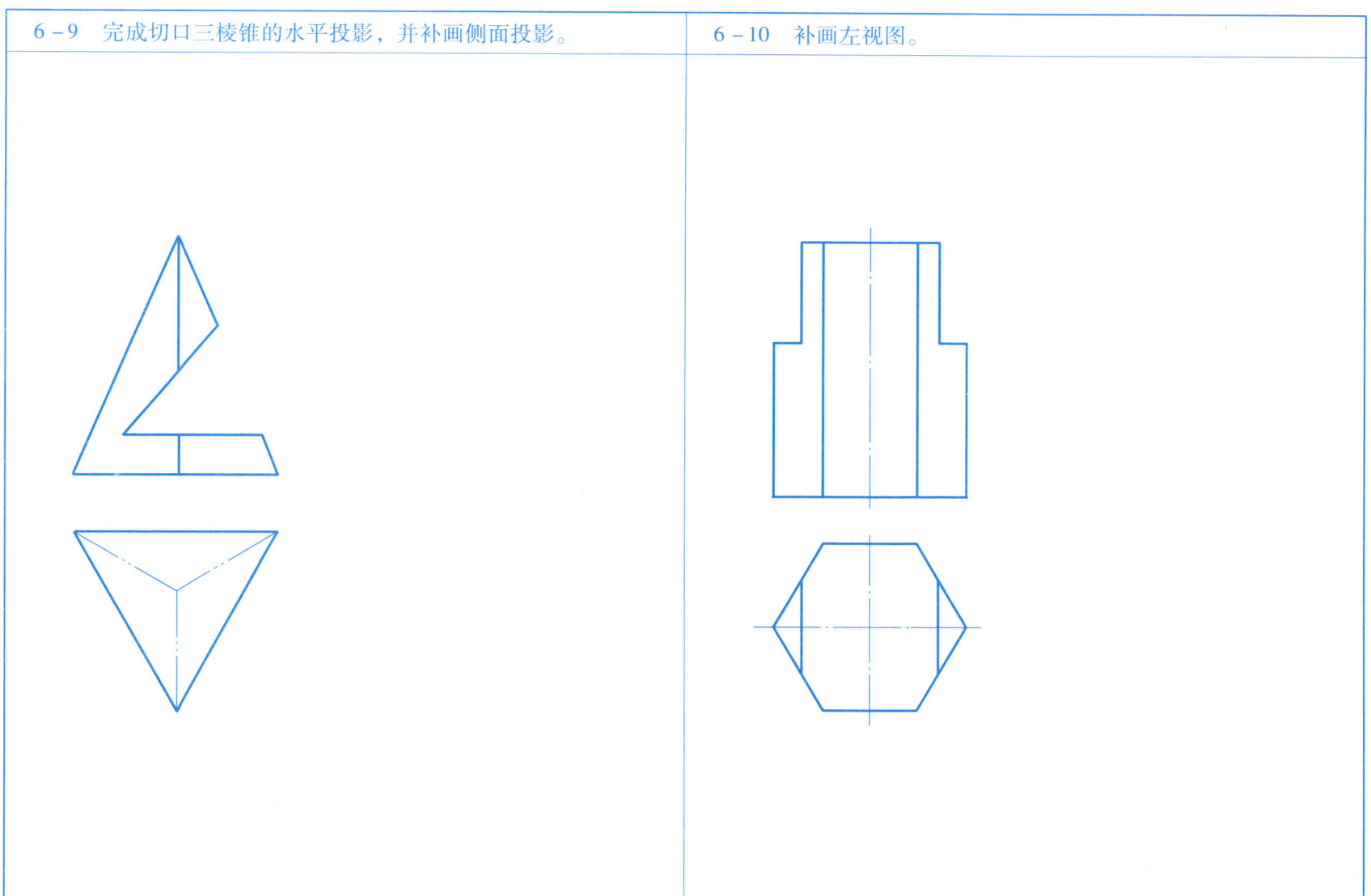

班级　　　　学号　　　　姓名

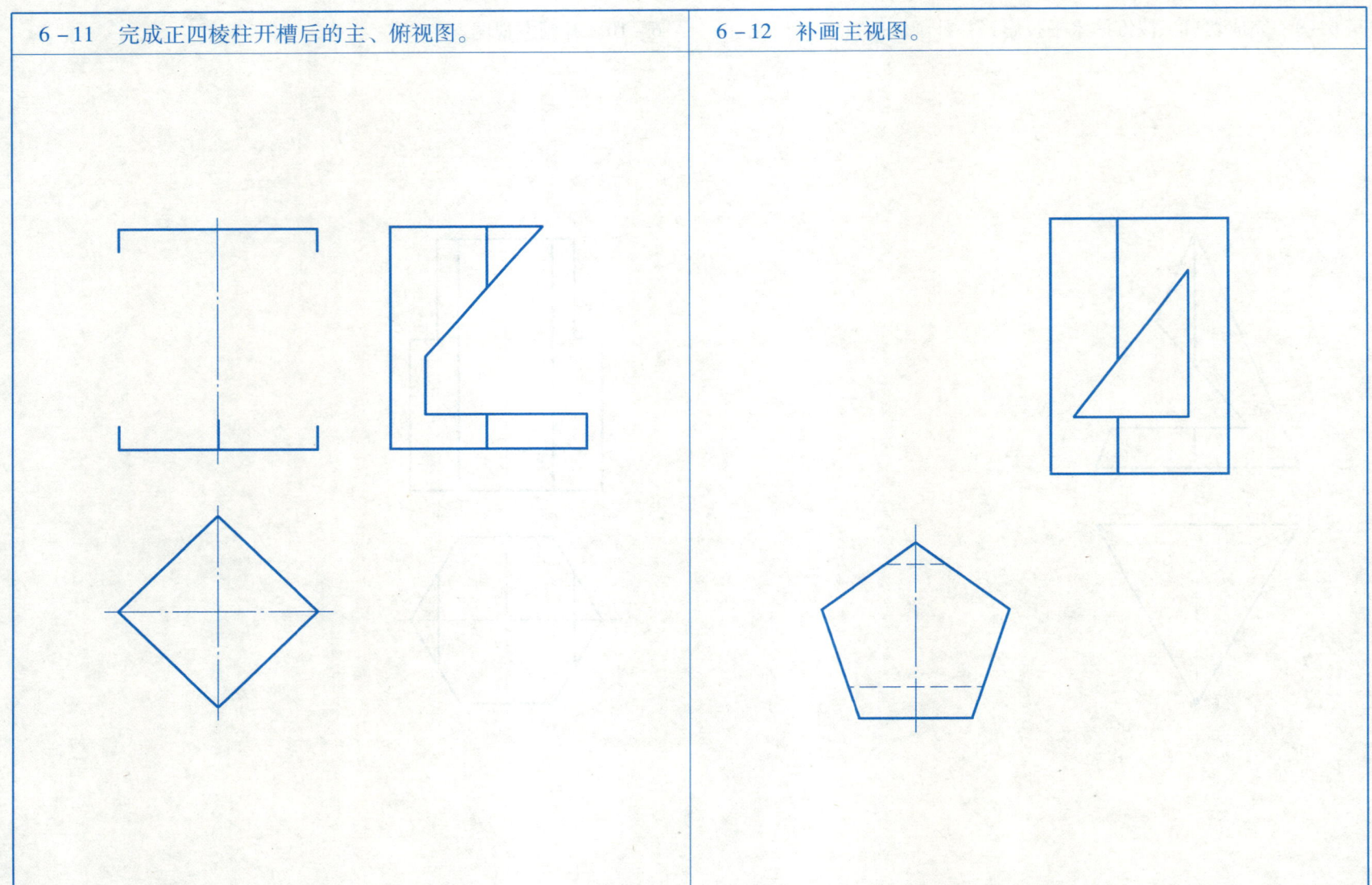

6-13 已知正三棱锥被截切后的主视图，补全左、俯视图。

6-14 求带缺口的正四棱台的俯视图。

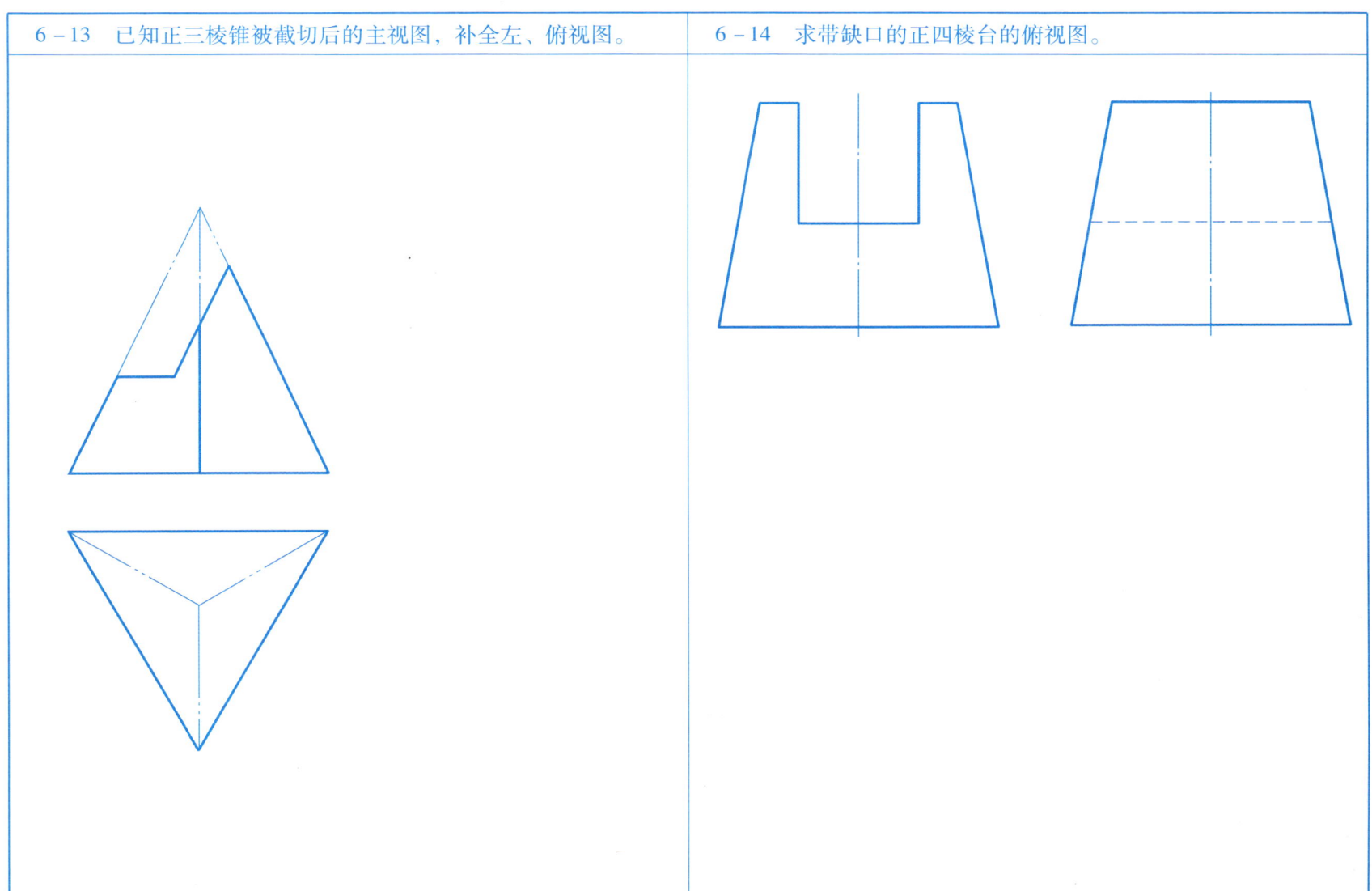

班级　　　　学号　　　　姓名

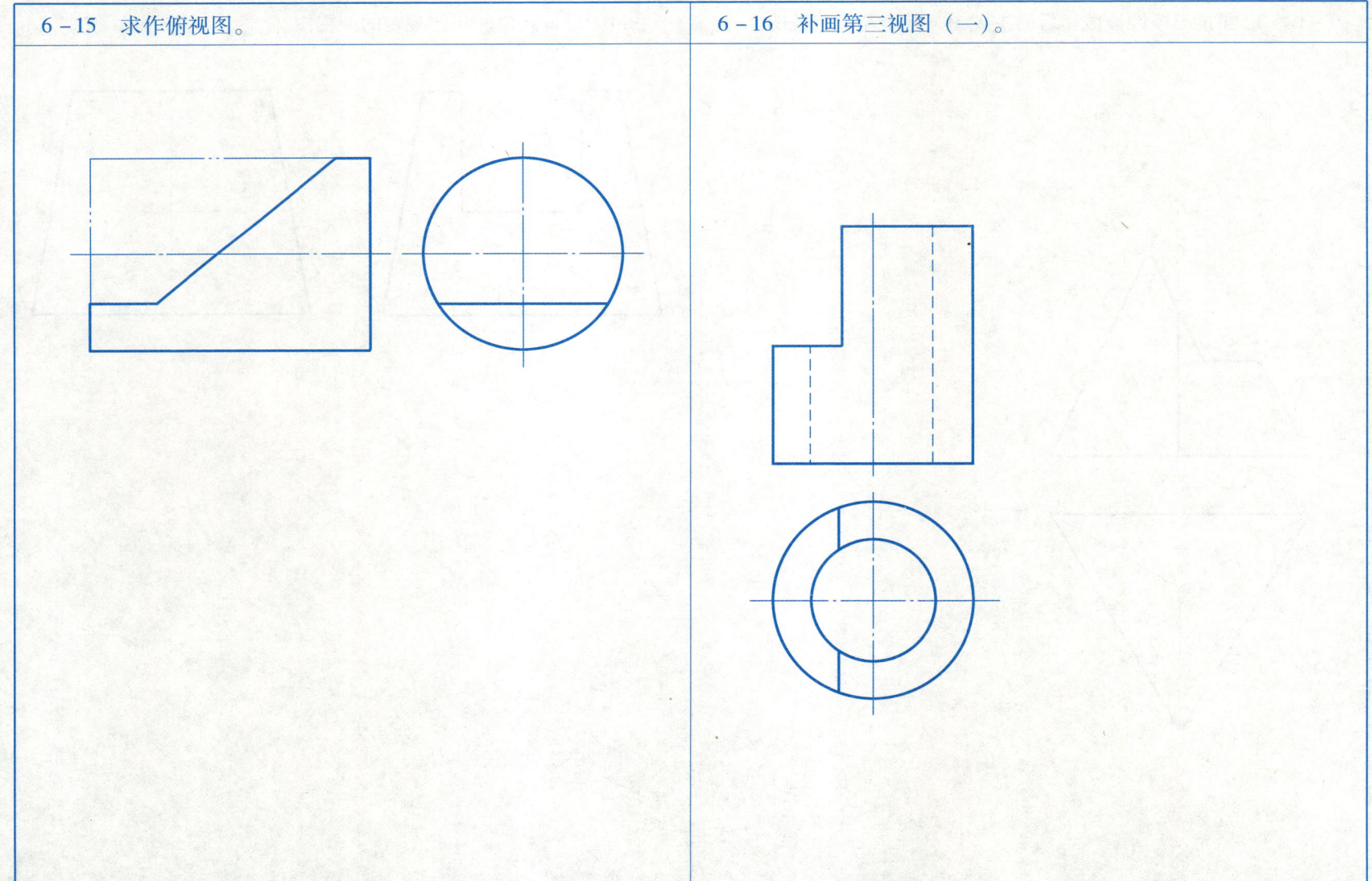

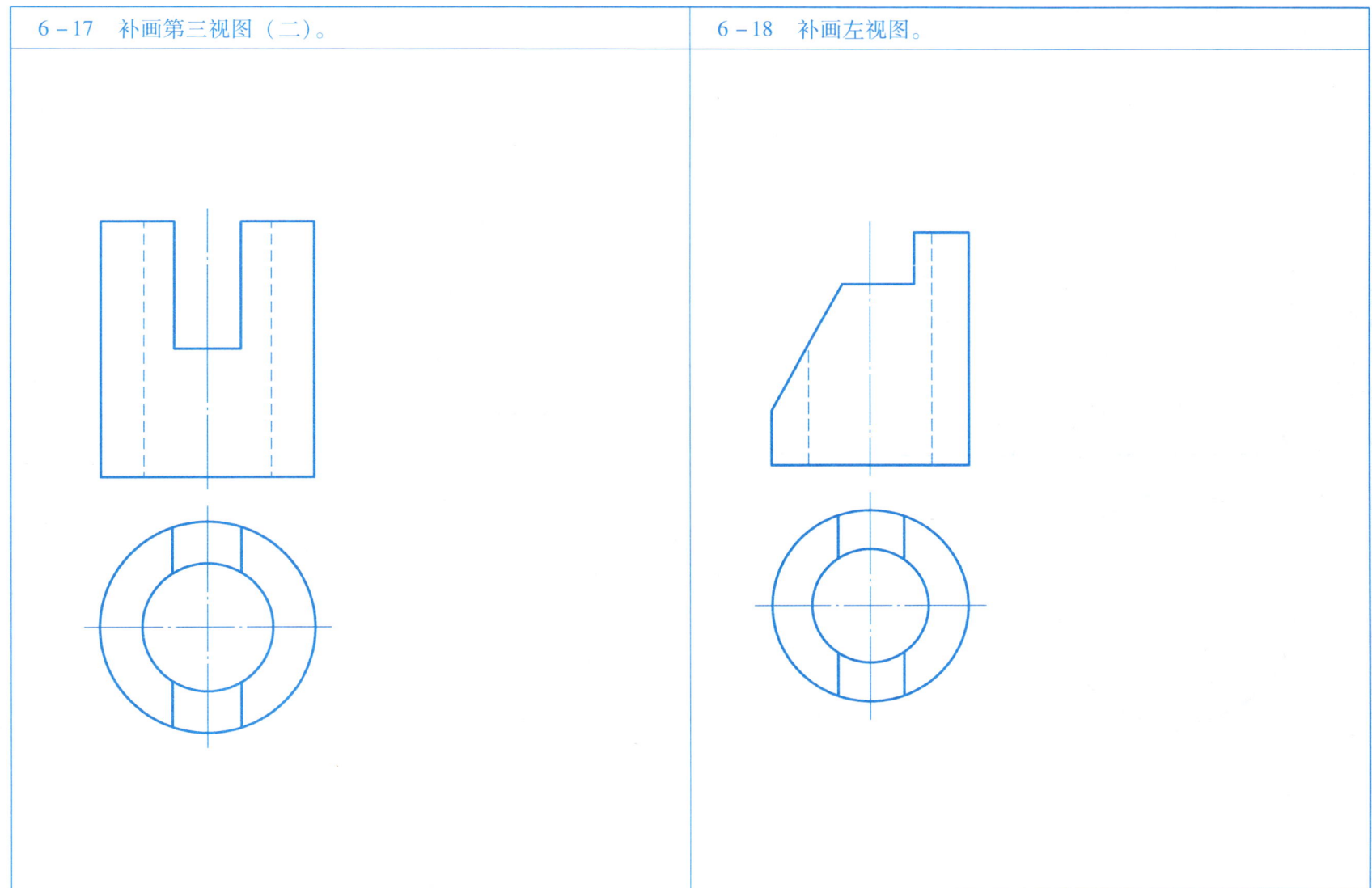

6-19 完成圆锥被截切后的水平投影和正面投影。

6-20 补全圆锥穿孔后的水平投影和侧面投影。

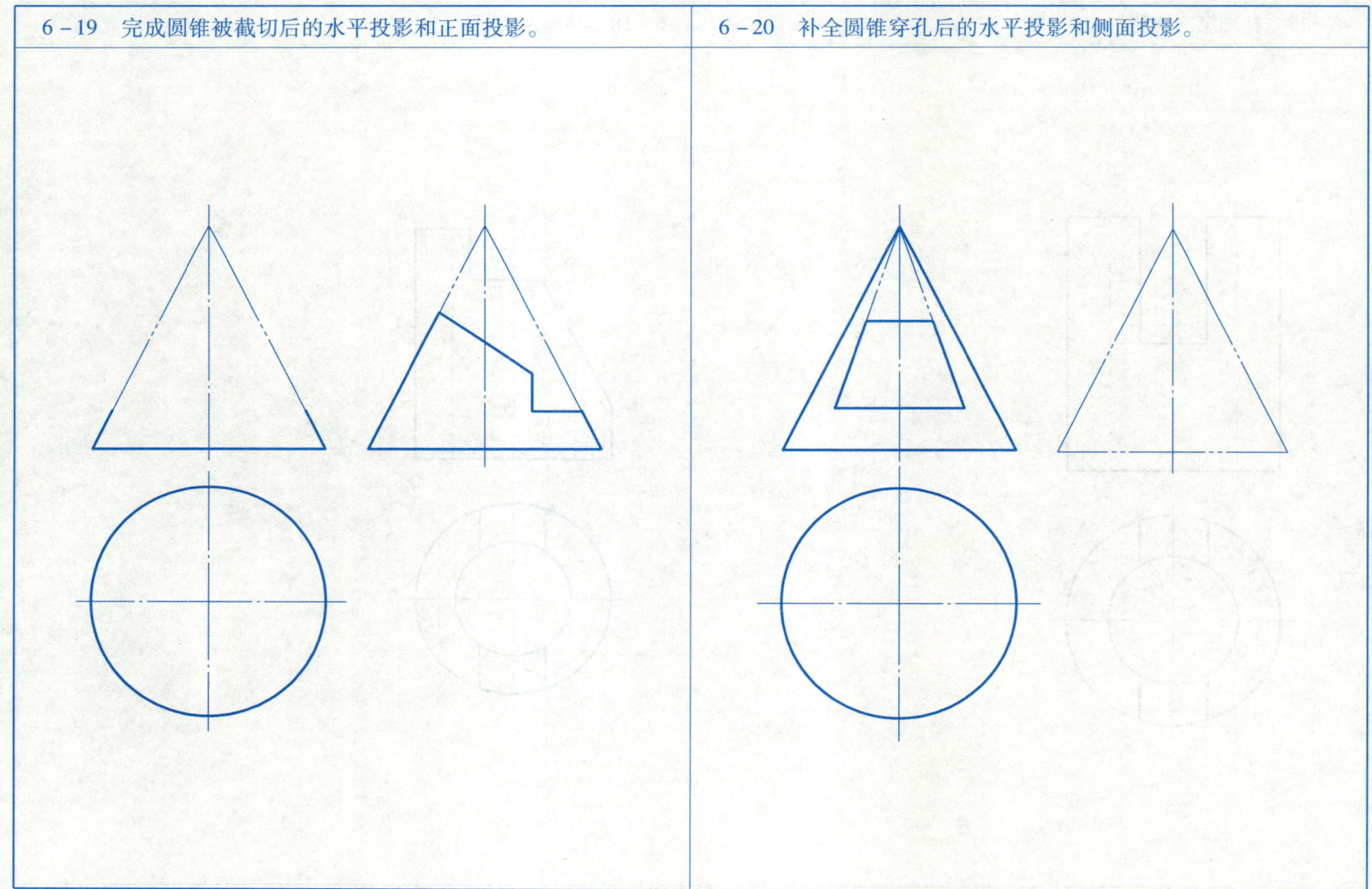

班级　　　　学号　　　　姓名

6-21 完成该立体被截切后的水平投影。

6-22 画全水平投影，求作侧面投影。

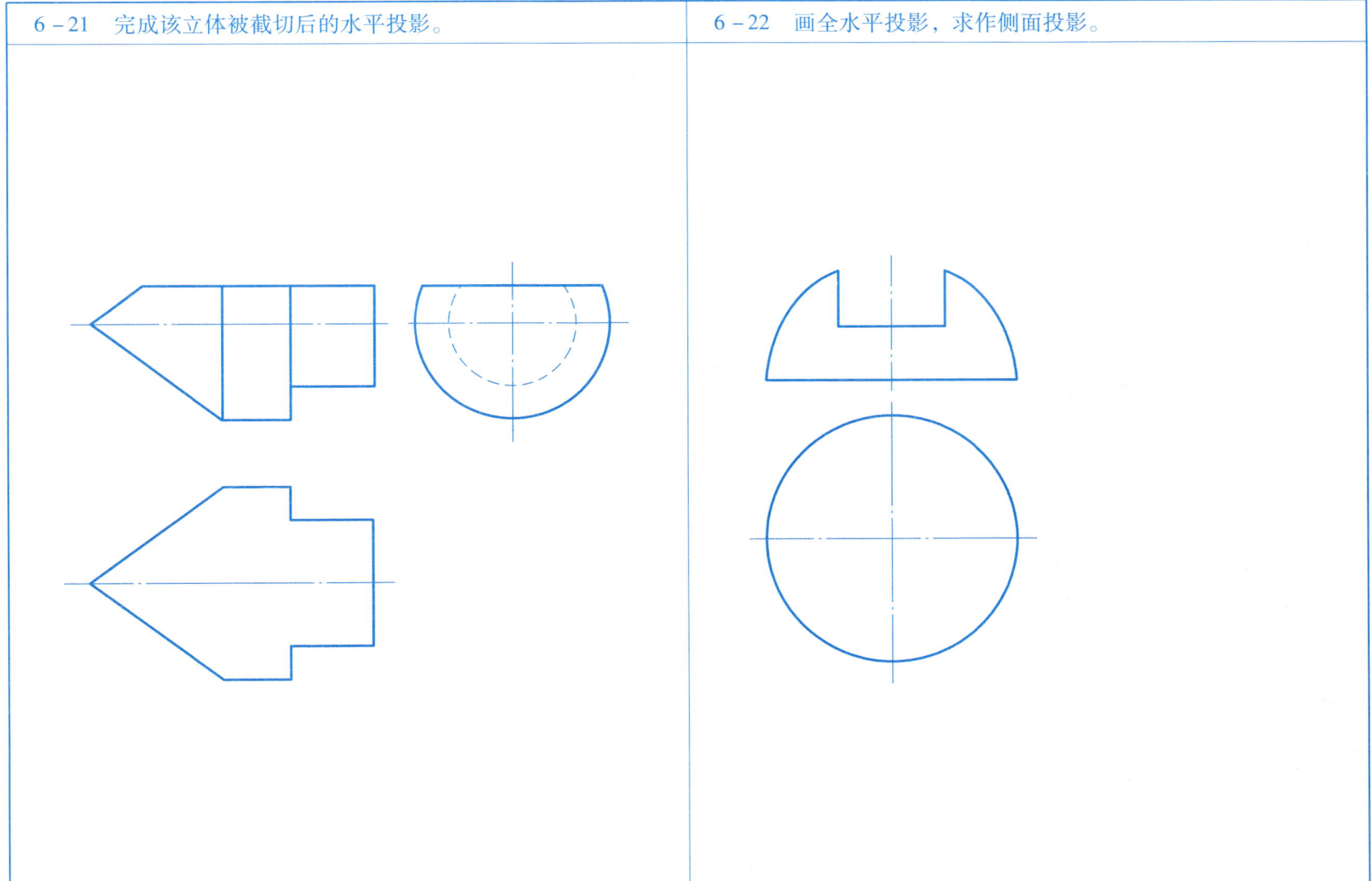

6-23 画全水平投影，求作侧面投影。

6-24 画出球体截切后的水平投影和侧面投影。

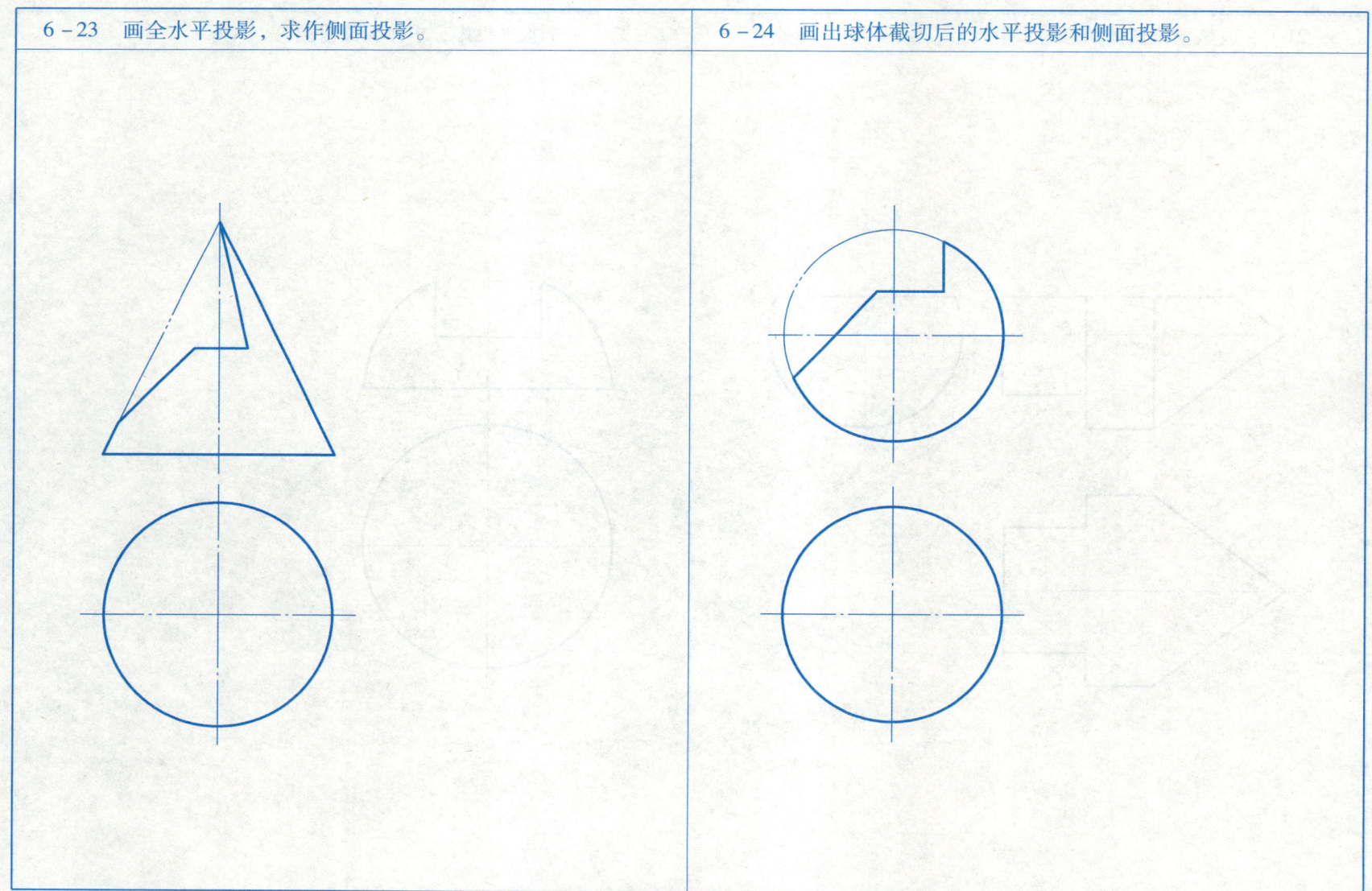

班级　　　学号　　　姓名

6-25 完成俯视图。

6-26 完成俯视图和左视图。

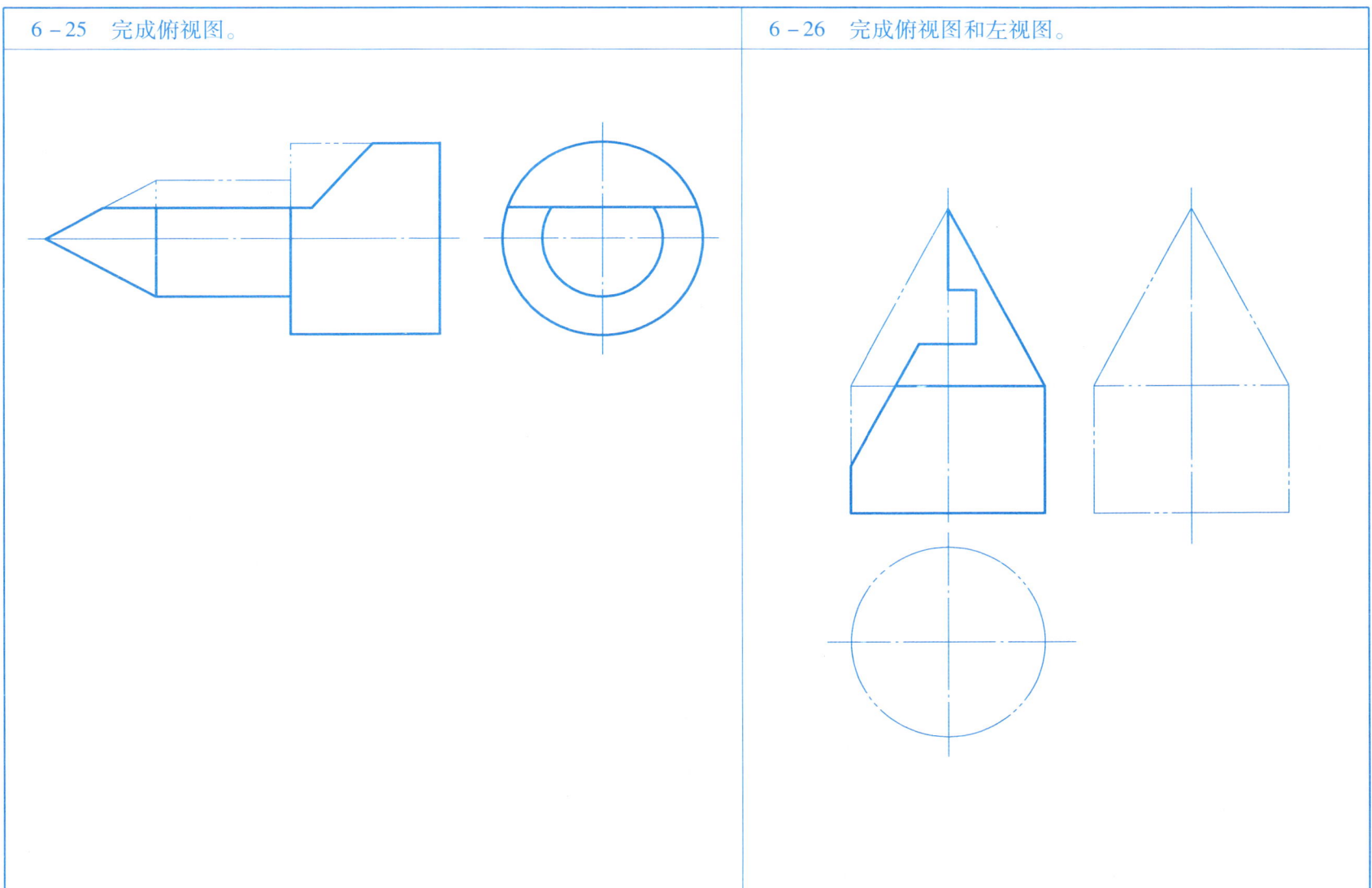

6-27 完成侧面投影。

6-28 完成三棱锥和三棱柱相贯后的三面投影。

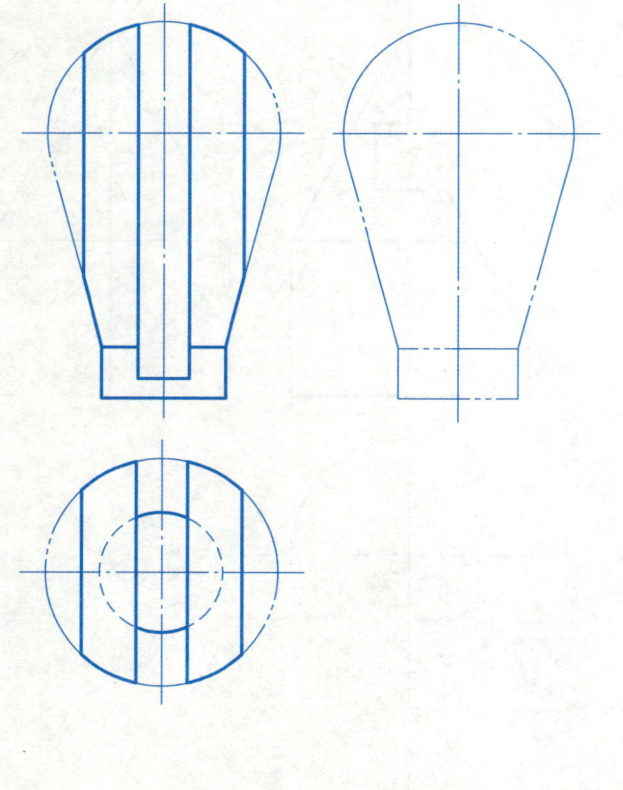

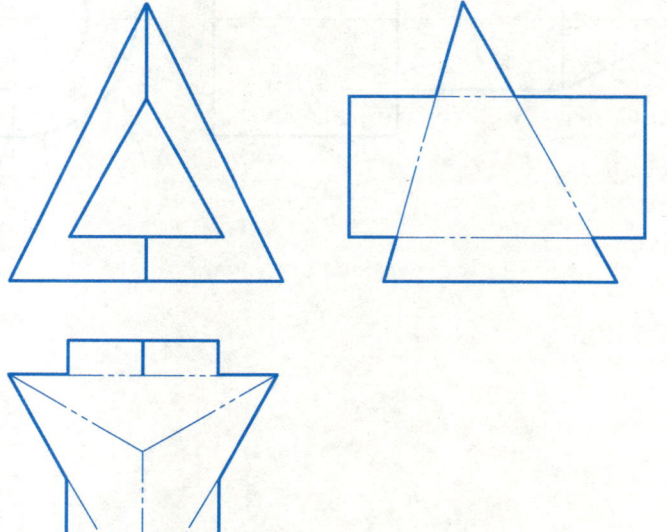

班级　　　　学号　　　　姓名

6-29 完成半圆球和四棱柱相贯后的投影。

6-30 求半圆柱与圆柱相贯线的正面投影。

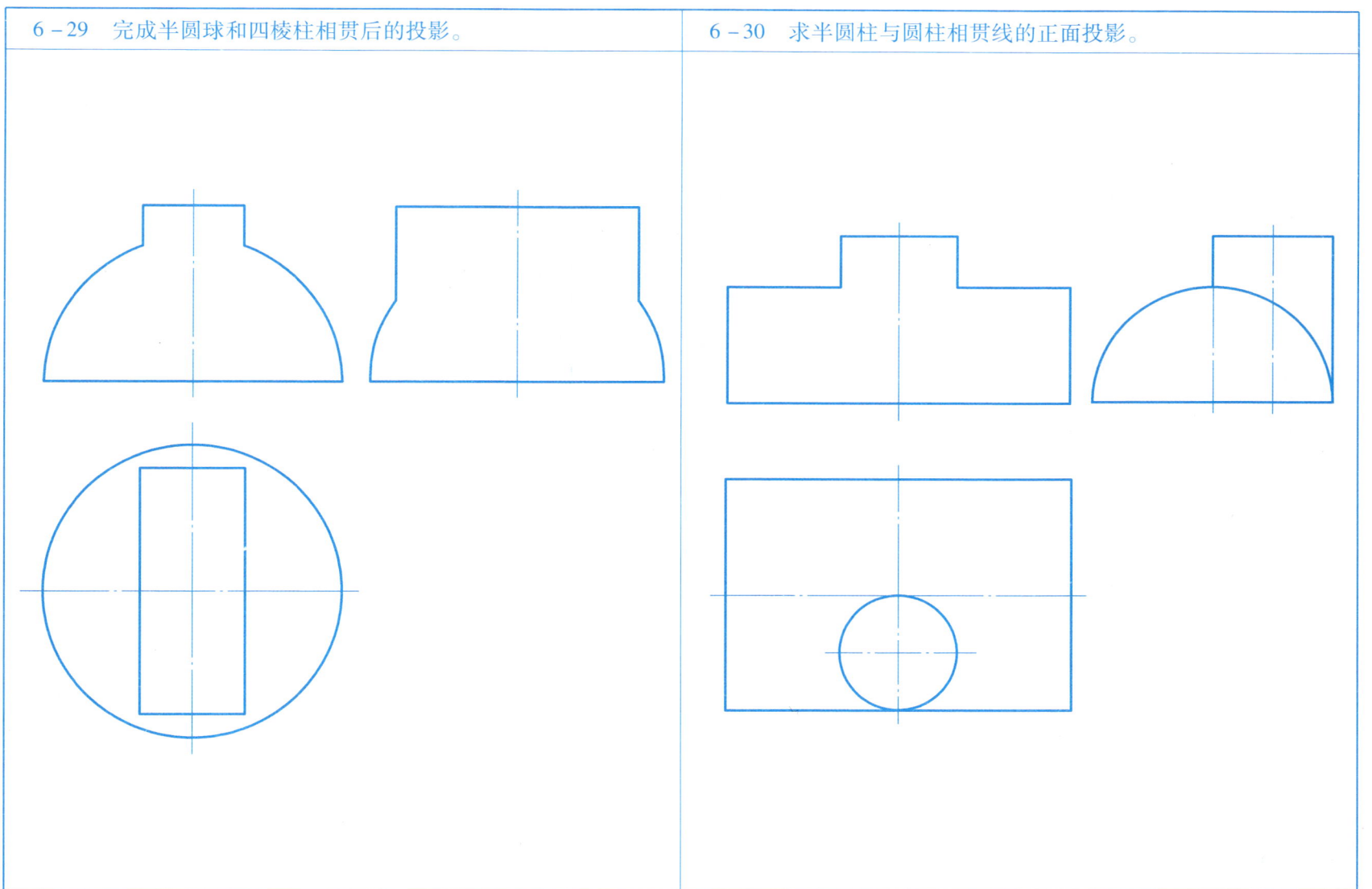

6-31 求相贯线的正面投影。

6-32 完成侧面投影。

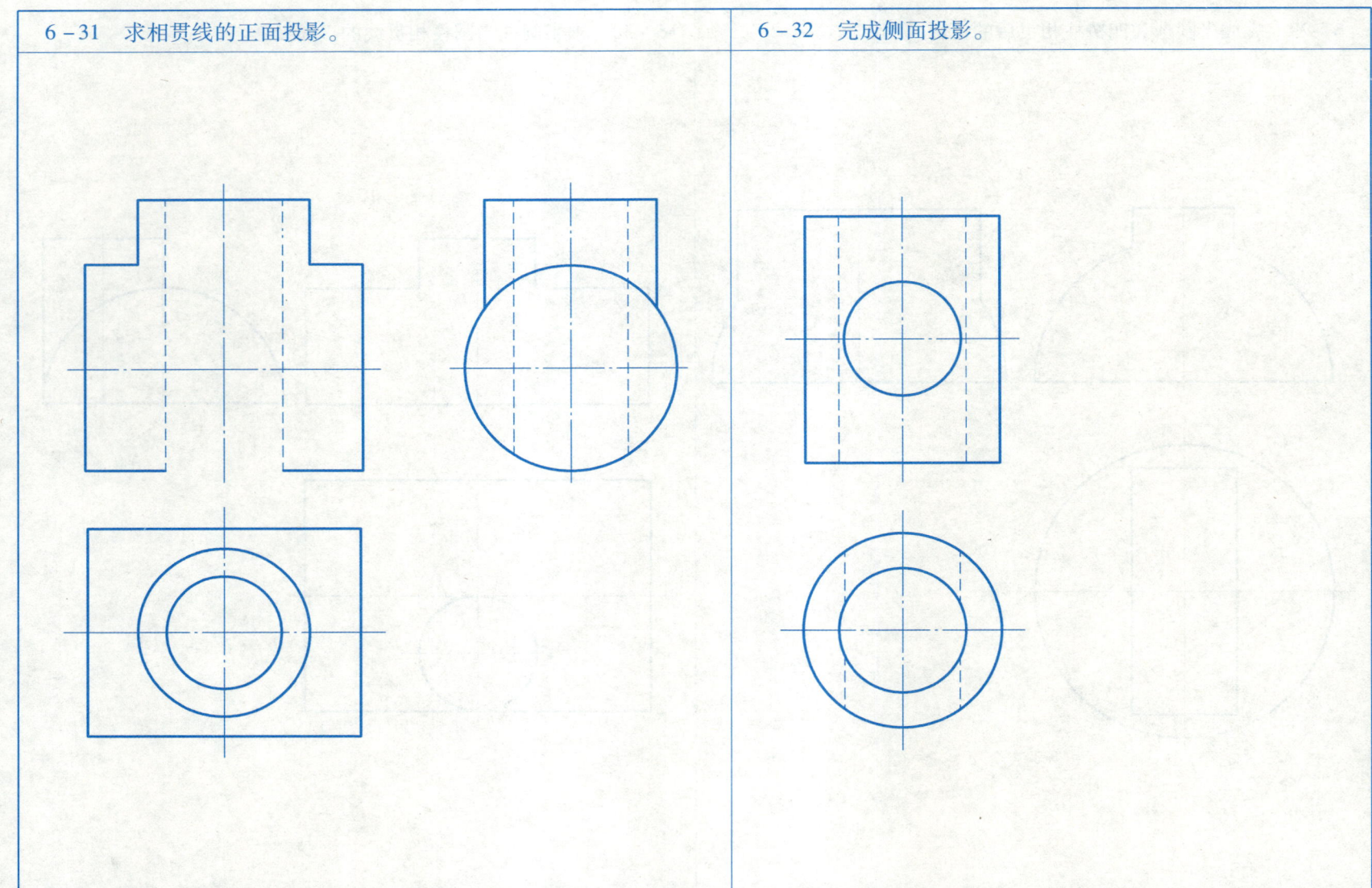

6-33 求相贯线的正面投影。

6-34 求圆柱与圆锥台相贯线的投影。

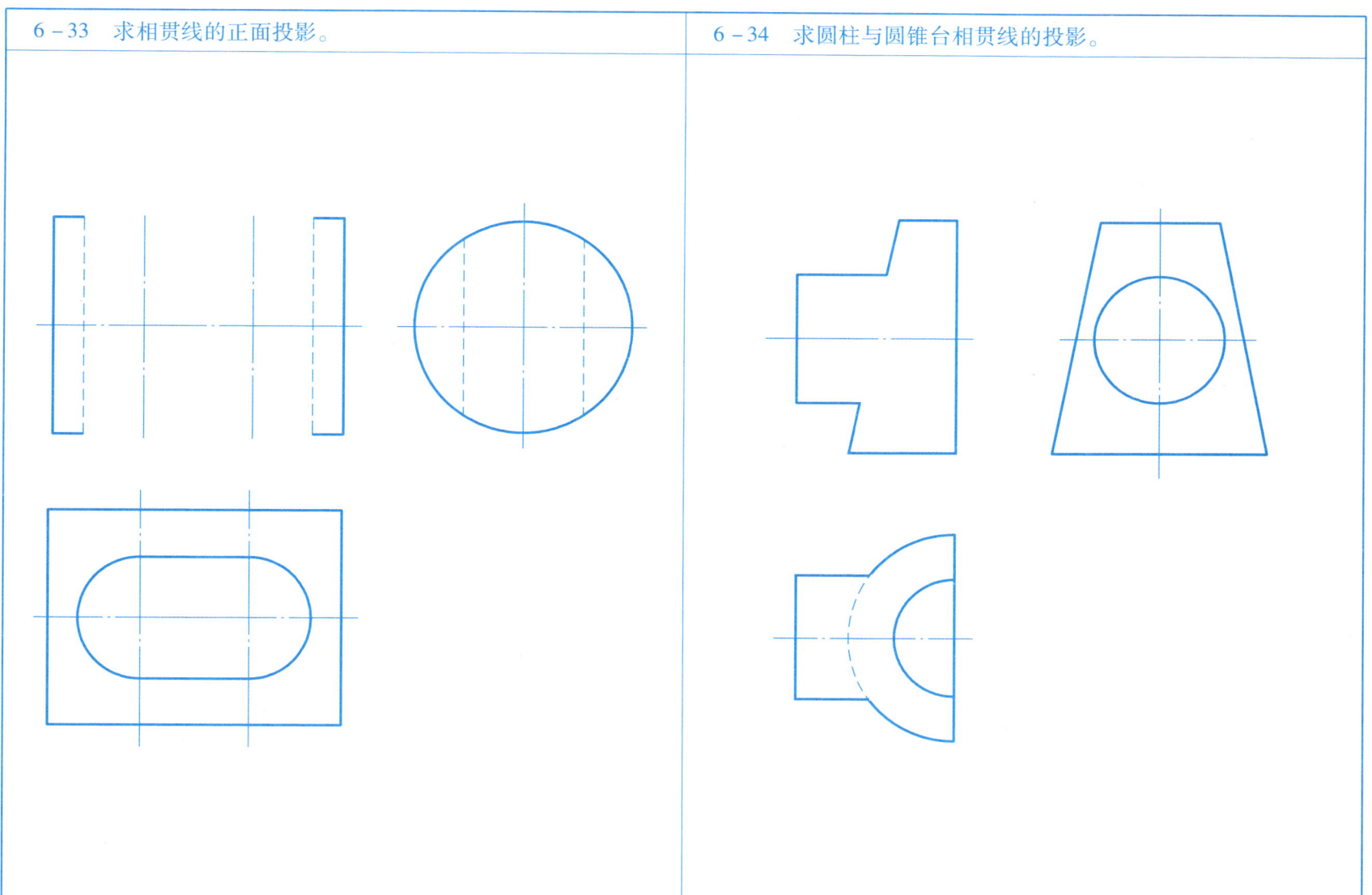

77

6-35 求圆柱与圆锥相贯线的水平投影,并作侧面投影。

6-36 根据正面投影和水平投影,求作侧面投影。

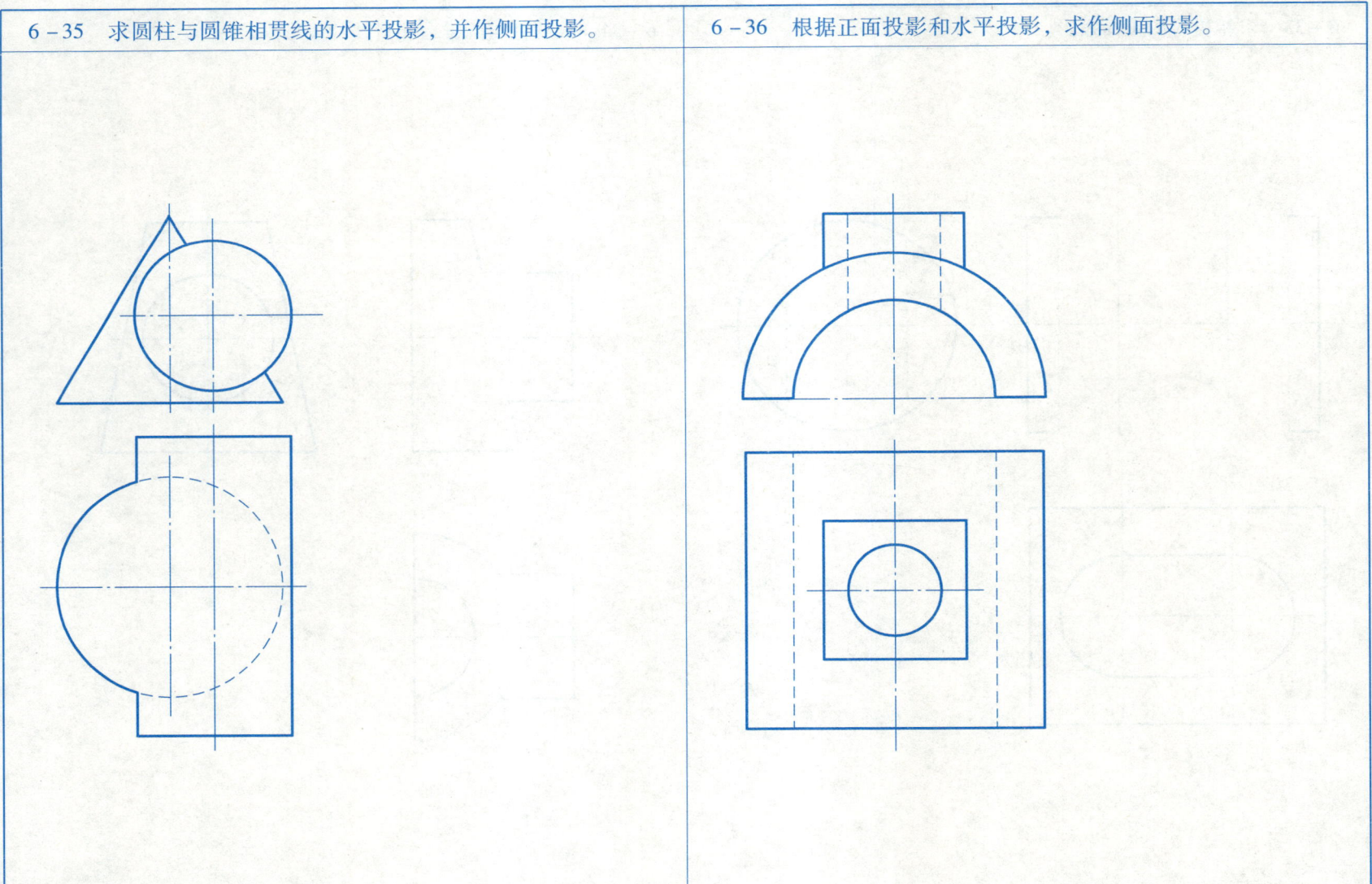

班级　　　学号　　　姓名

6-37 补画侧面投影。

6-38 求半球与圆锥台的相贯线。

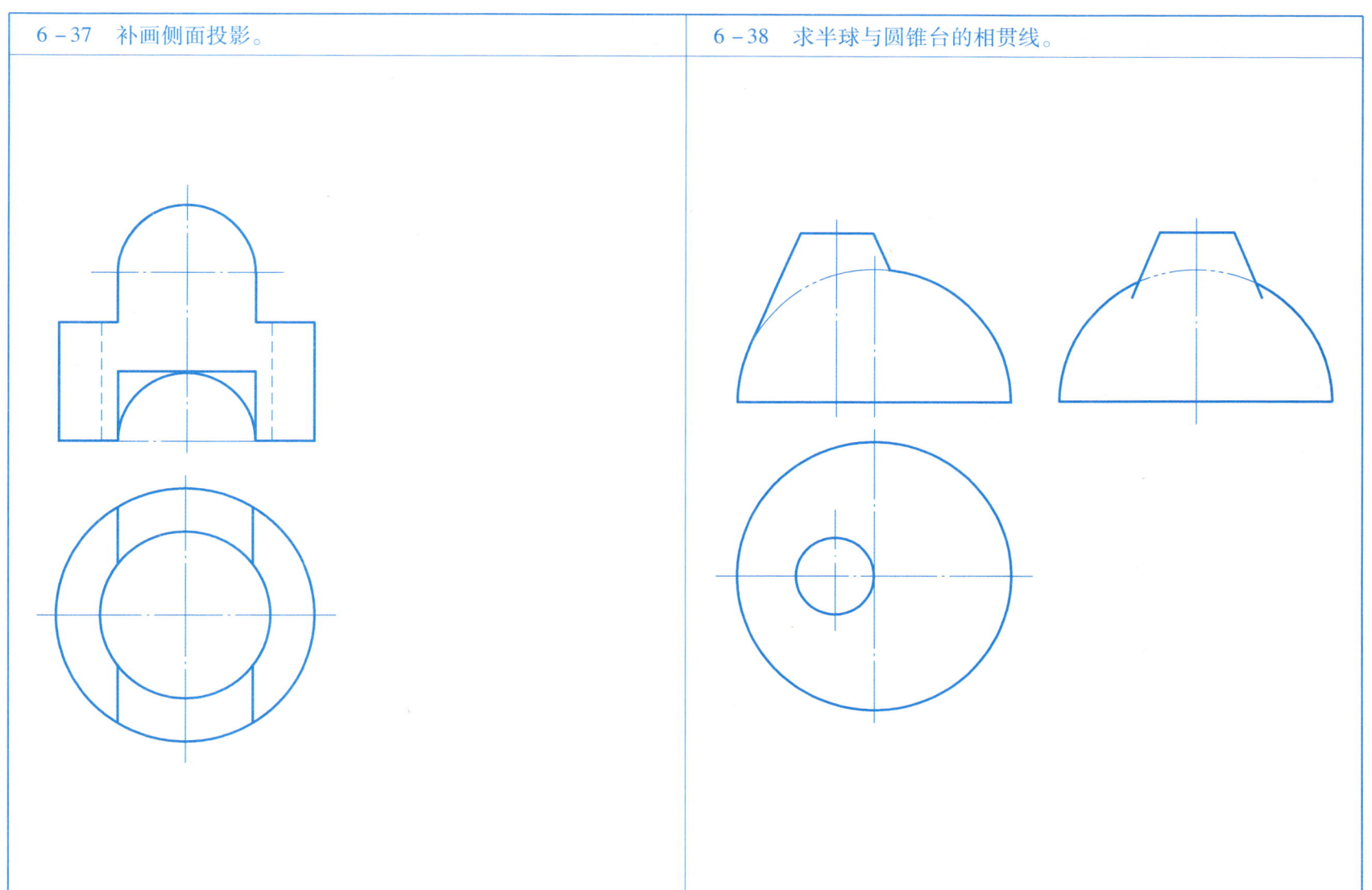

班级　　　学号　　　姓名

6-39 求作圆柱与圆锥相贯线的投影。

6-40 求两半圆柱相贯线的投影。

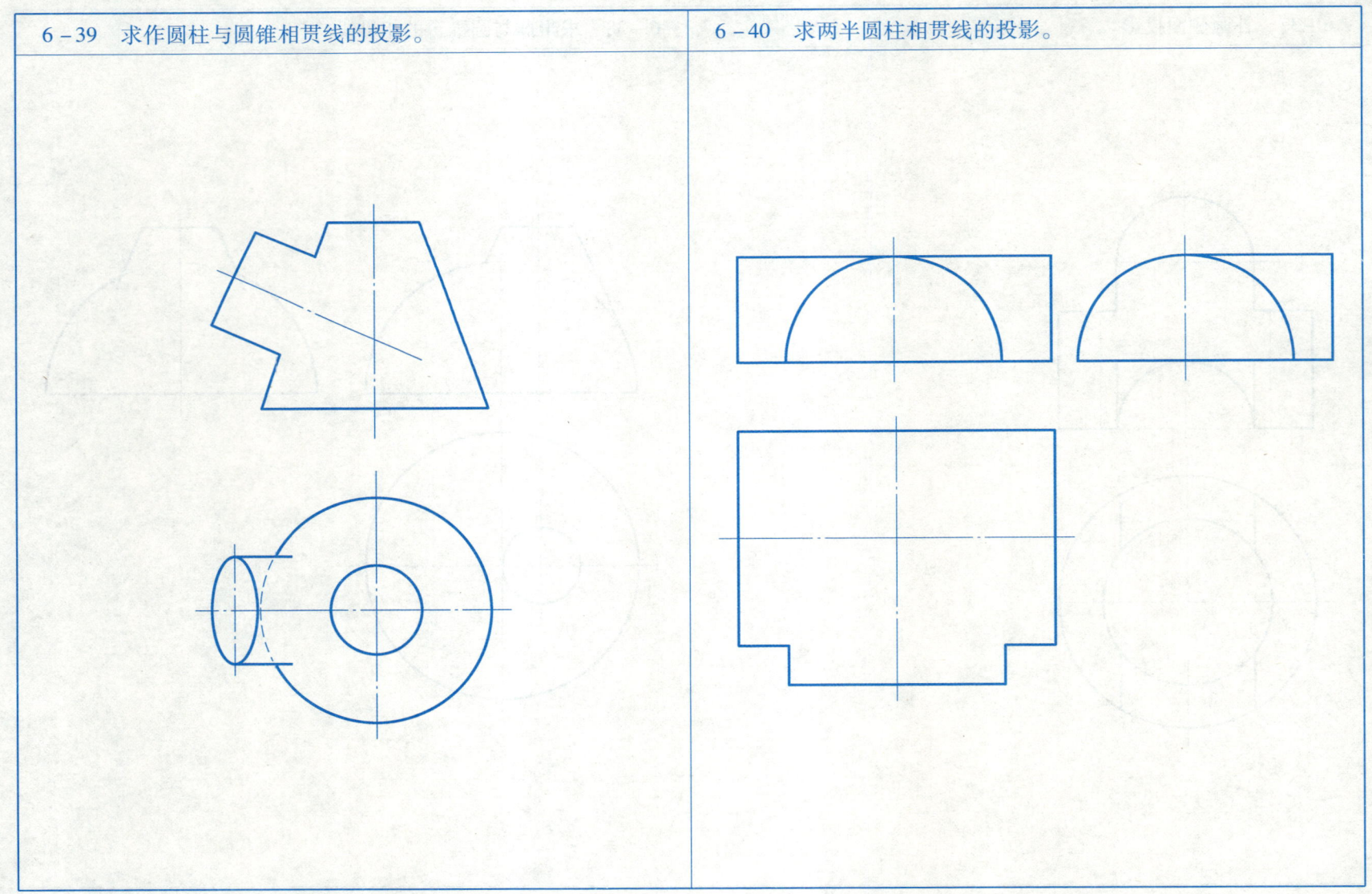

班级　　　学号　　　姓名

6-41 补画相贯线的投影（一）。

6-42 补画相贯线的投影（二）。

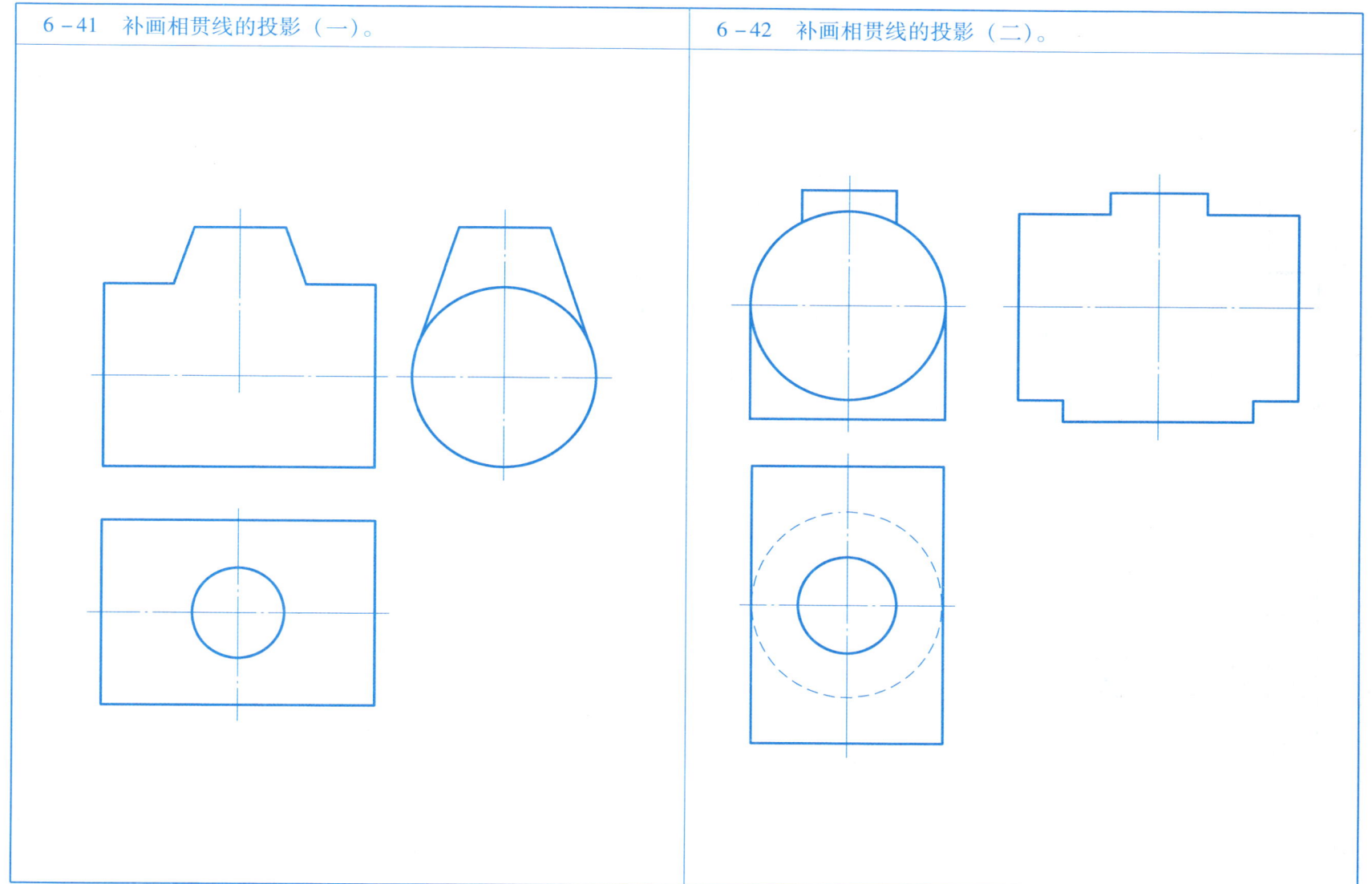

6-43 完成立体相贯后主视图的投影。　　　　6-44 求球体开两垂直相交圆柱孔后的侧面投影。

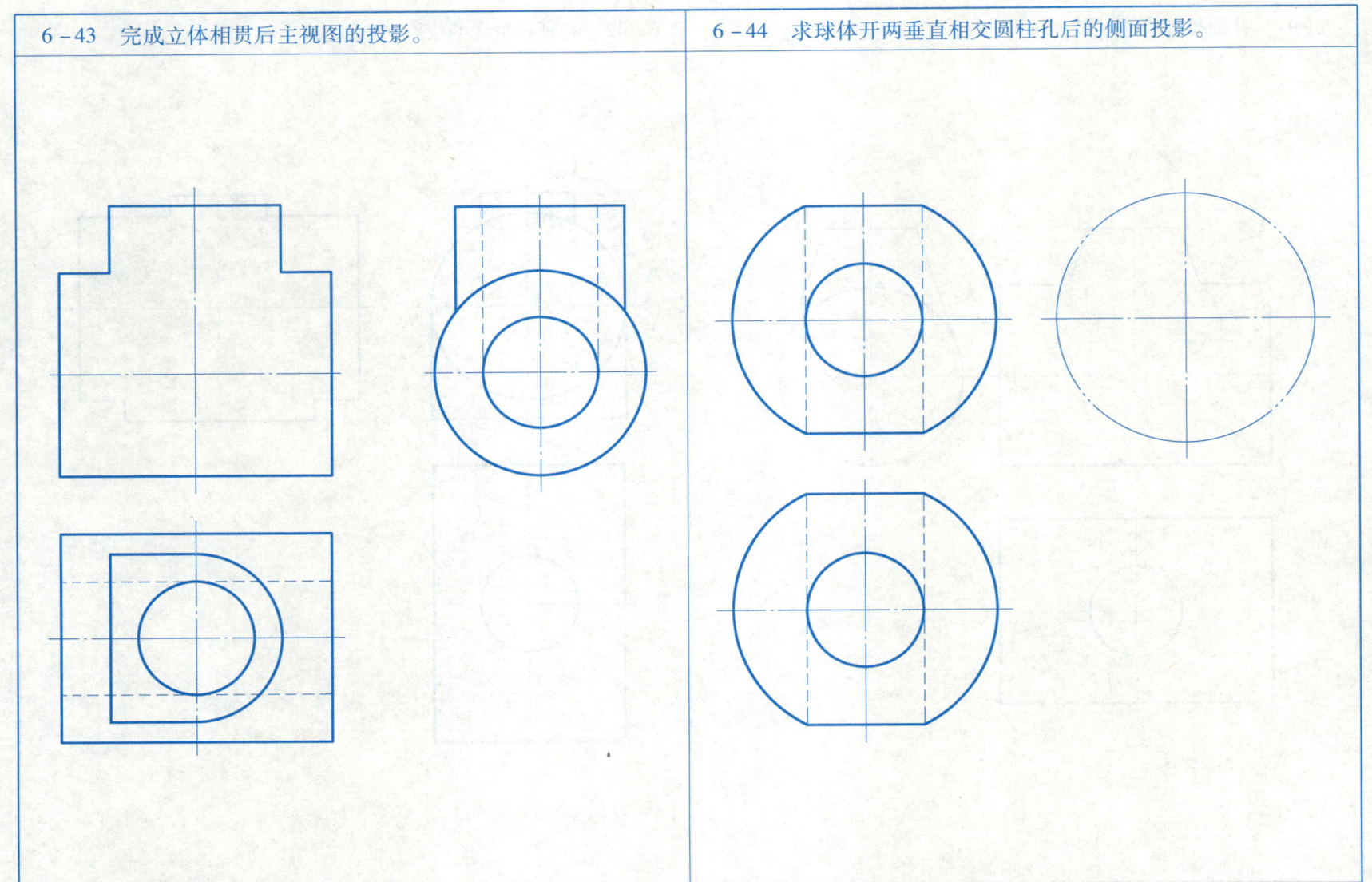

班级　　　学号　　　姓名

6-45 求圆锥和圆柱相贯线的投影。

6-46 根据所给主视图和俯视图，补画左视图。

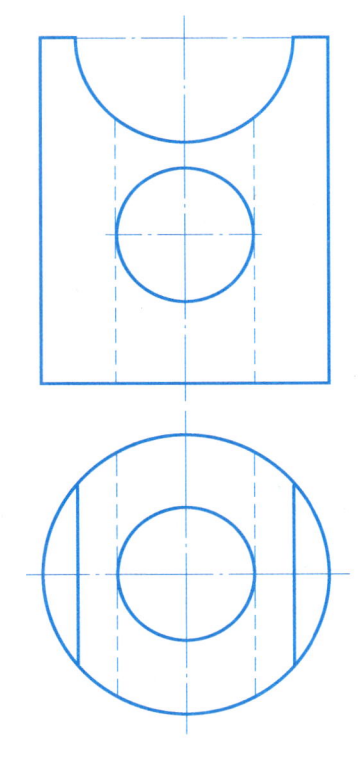

第七部分 组 合 体

7-1 在立体图上标出各平面的位置（用相应的大写字母），并在投影图上标出指定平面的其他两面投影。

(1)

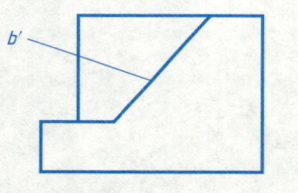
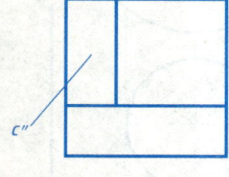
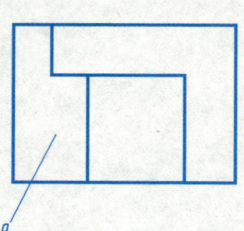
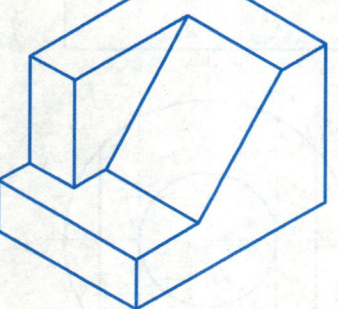

A 面是_____，B 面是_____，C 面是_____。

(2)

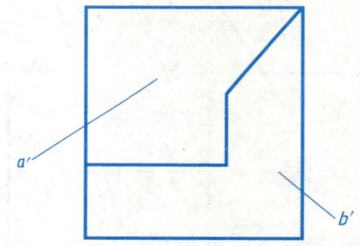

A 面是_____，B 面是_____，C 面是_____。

7-2 根据已知视图，补画第三视图（一）。

7-3 根据已知视图，补画第三视图（二）。

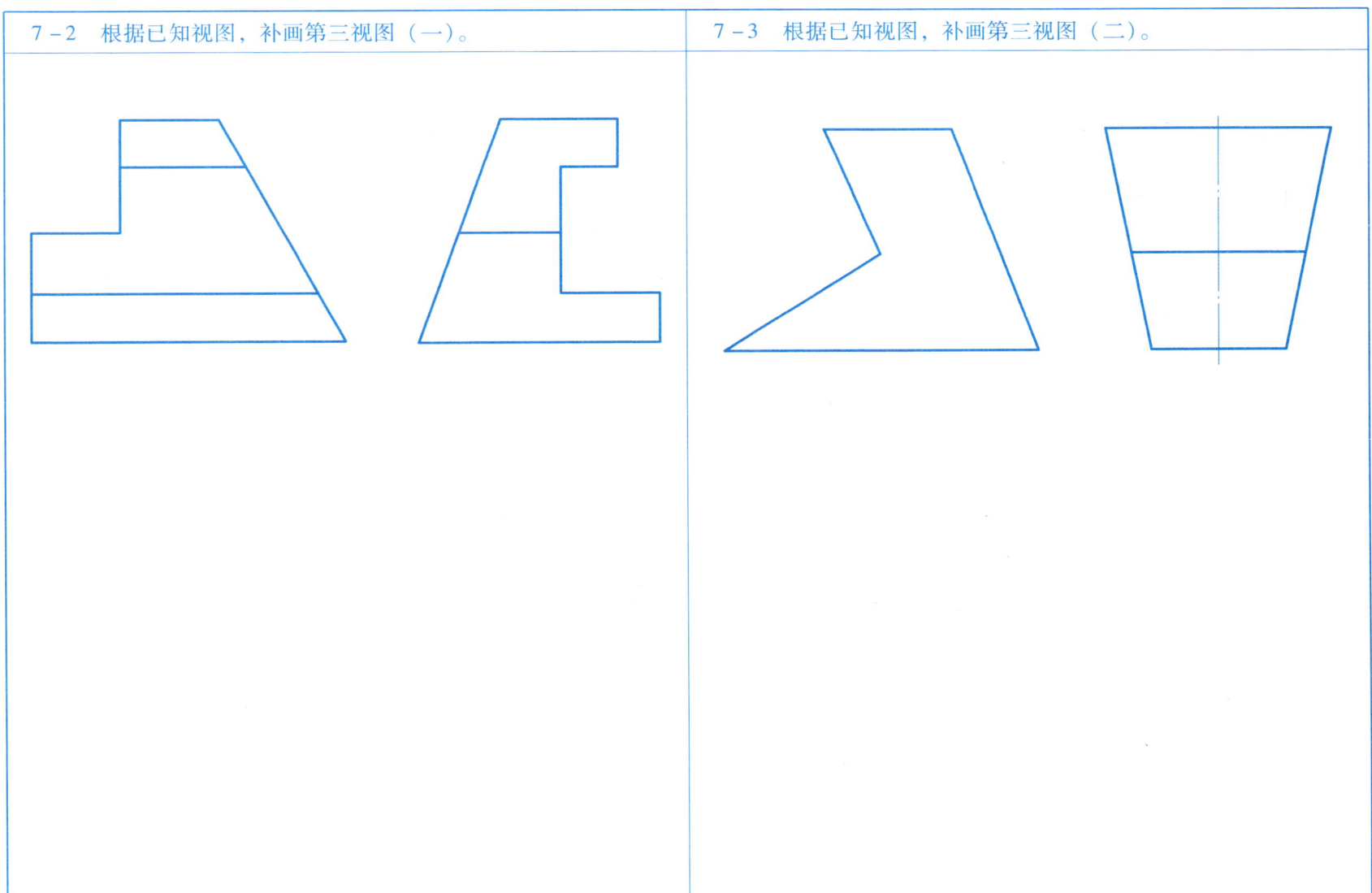

7-4 根据已知视图，补画第三视图（三）。　　7-5 根据已知视图，补画第三视图（四）。

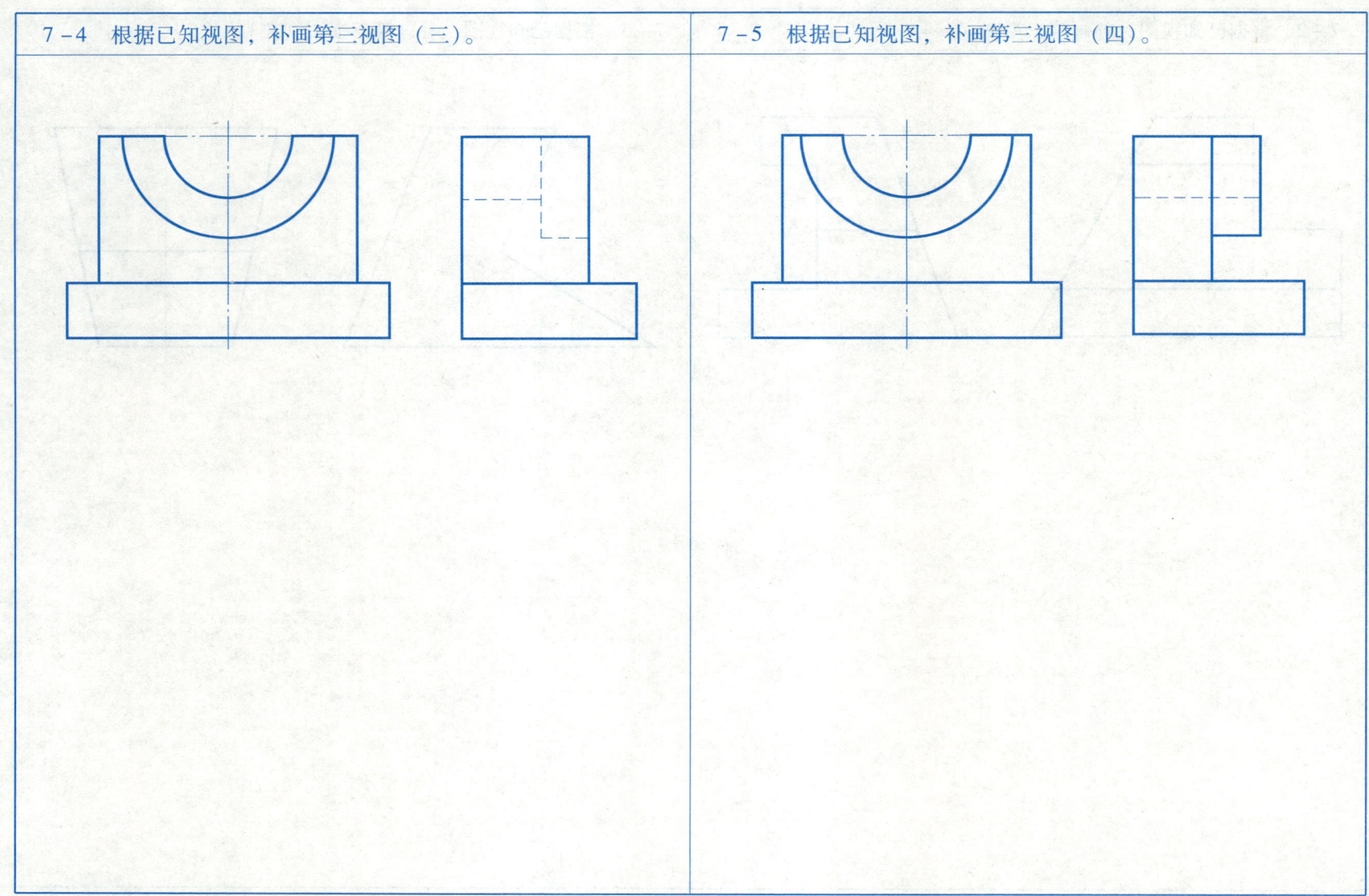

7-6 根据已知视图，补画第三视图（五）。

7-7 根据已知视图，补画第三视图（六）。

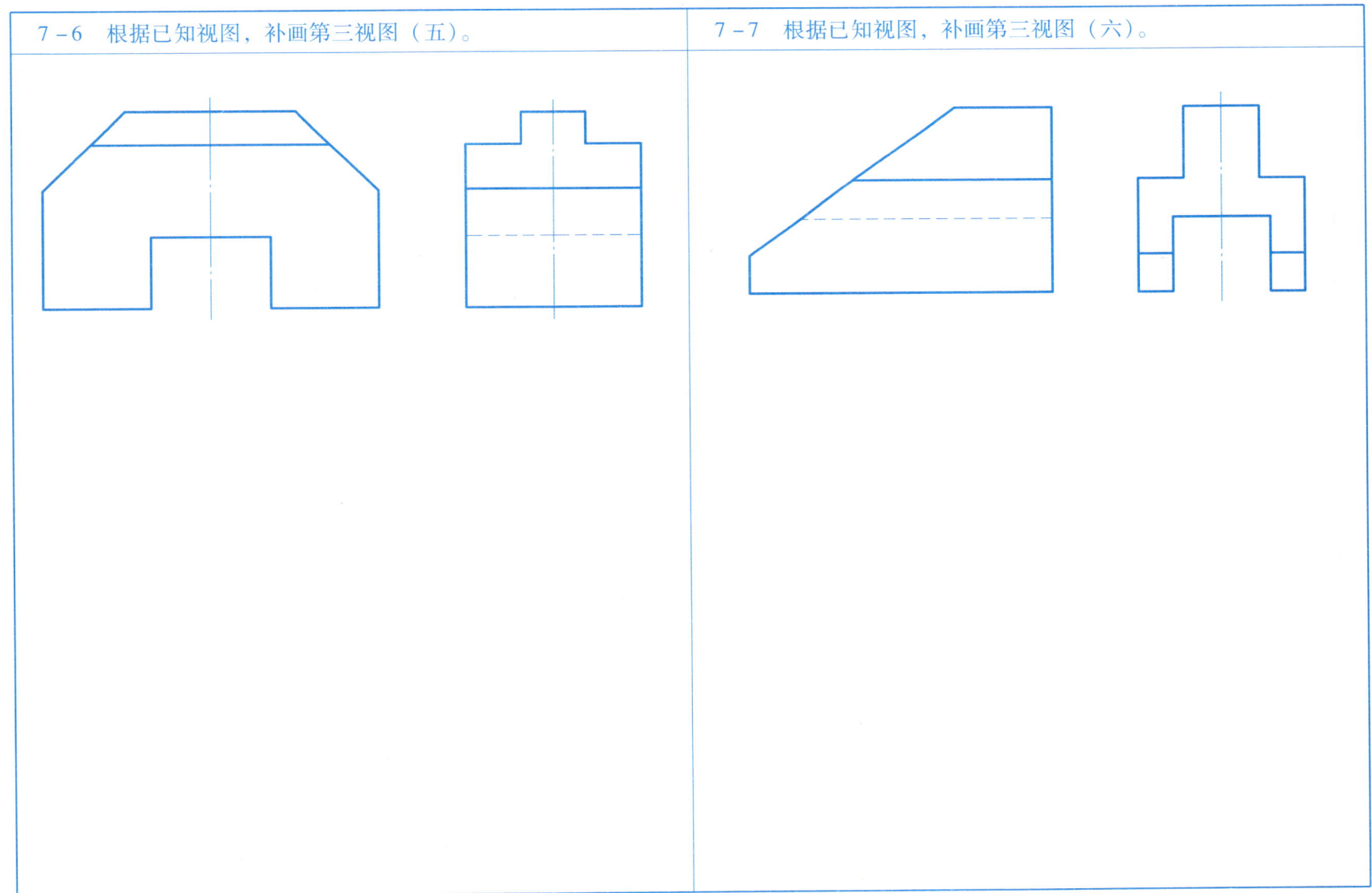

班级　　　学号　　　姓名

7-8 根据已知视图，补画第三视图（七）。

7-9 根据已知视图，补画第三视图（八）。

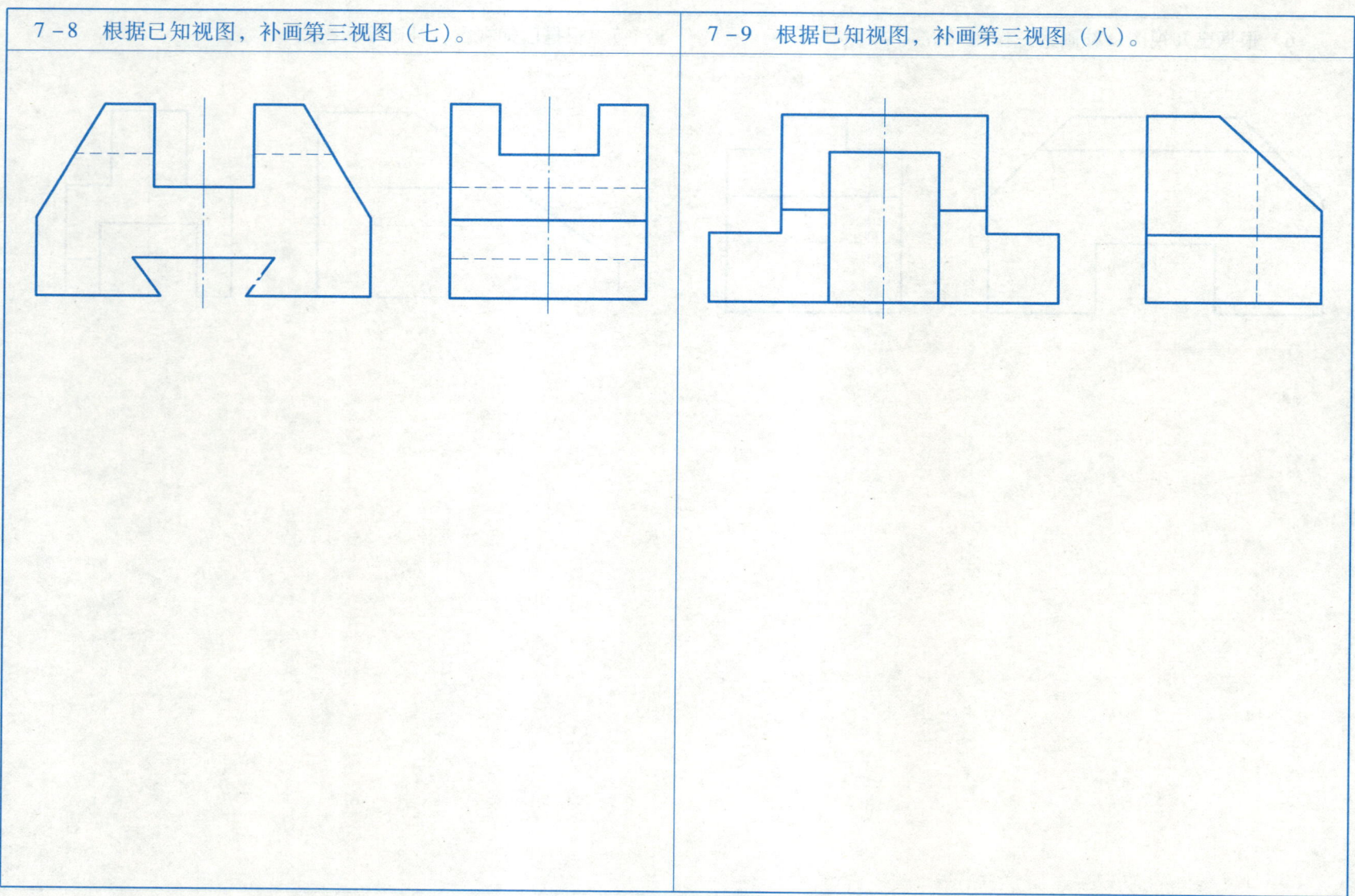

班级　　　　学号　　　　姓名

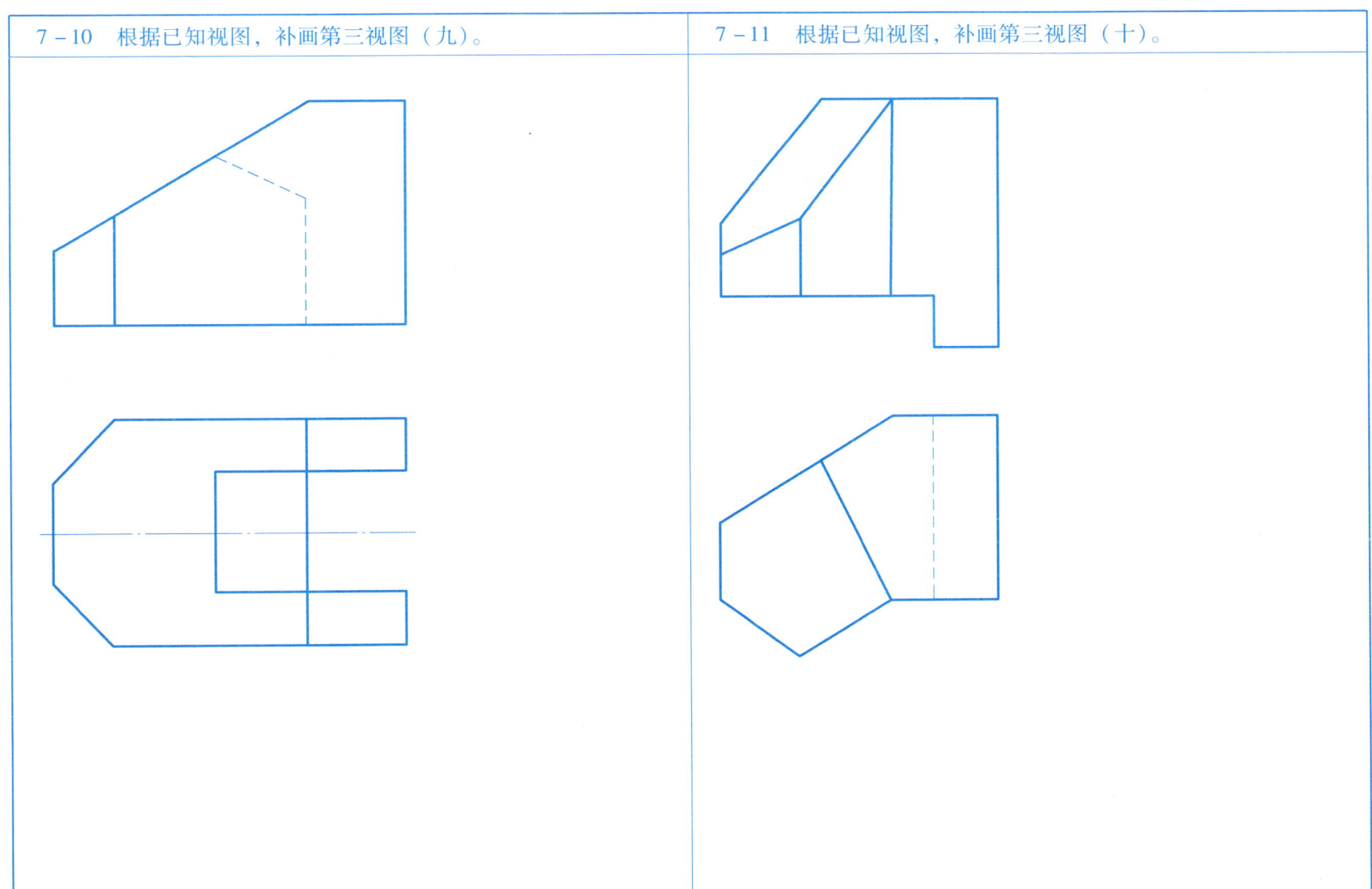

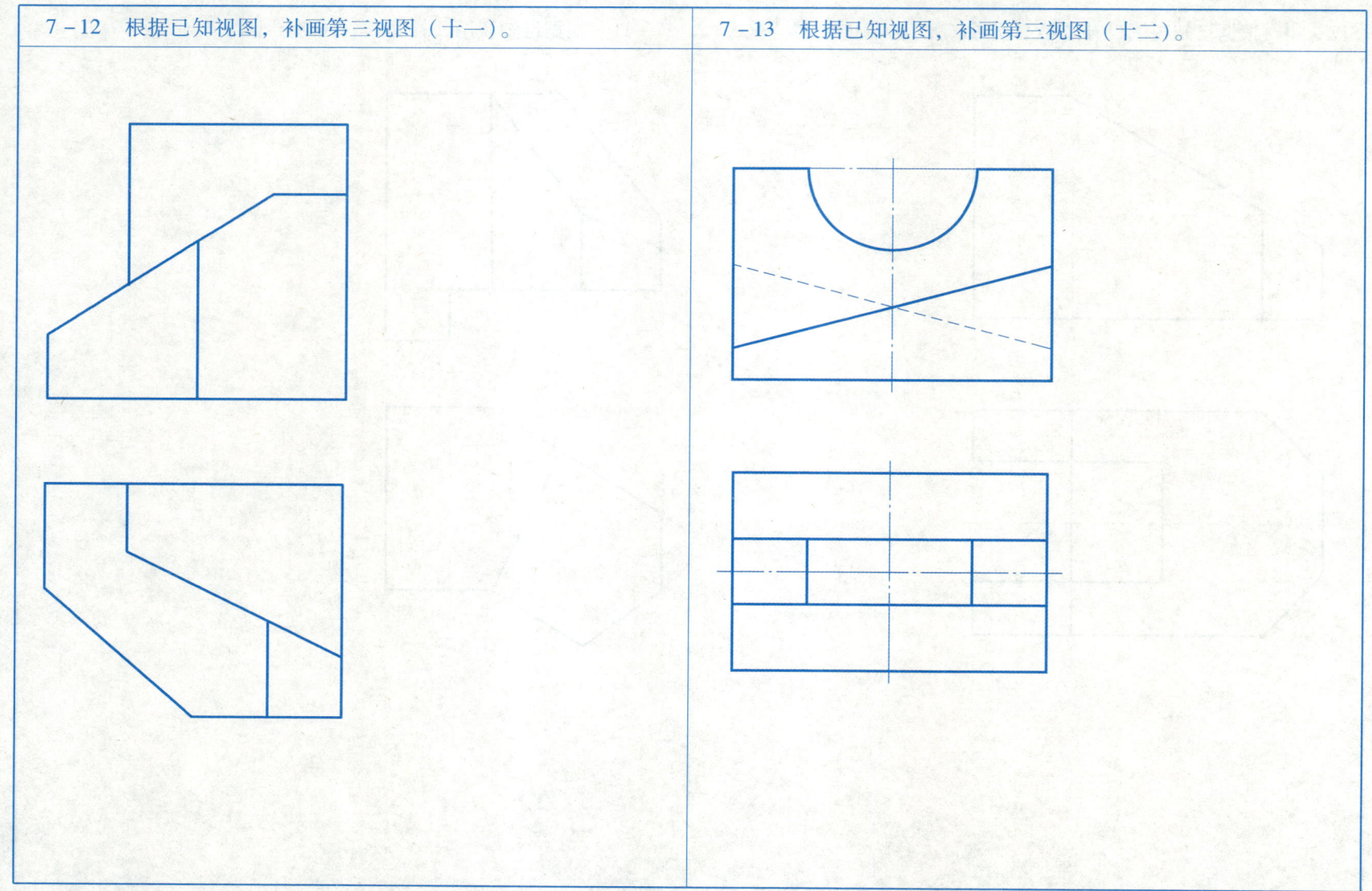

7-14 补画视图中缺漏的图线（一）。

(1) (2)

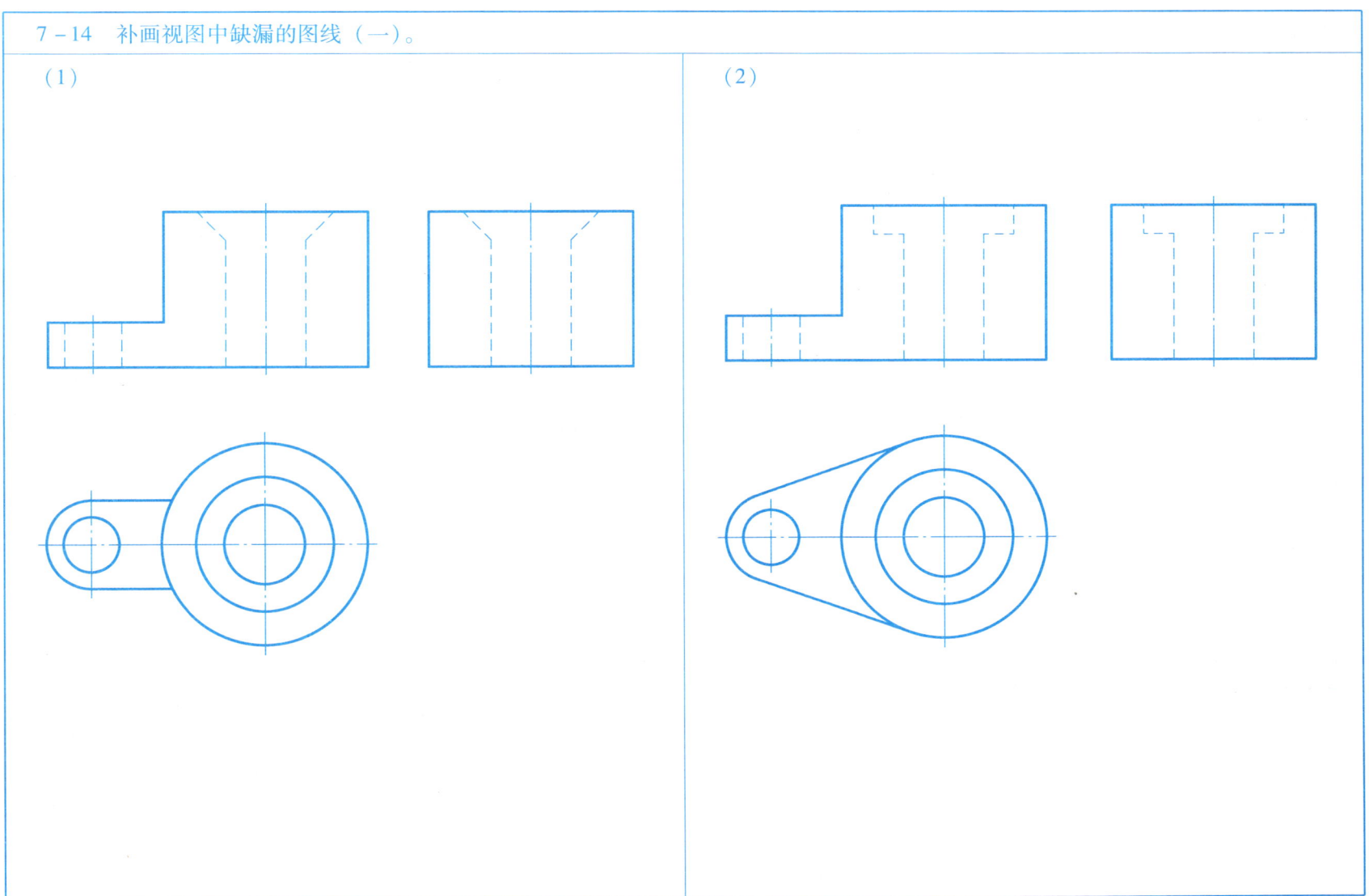

7-15 补画视图中缺漏的图线（二）。

7-16 补画视图中缺漏的图线（三）。

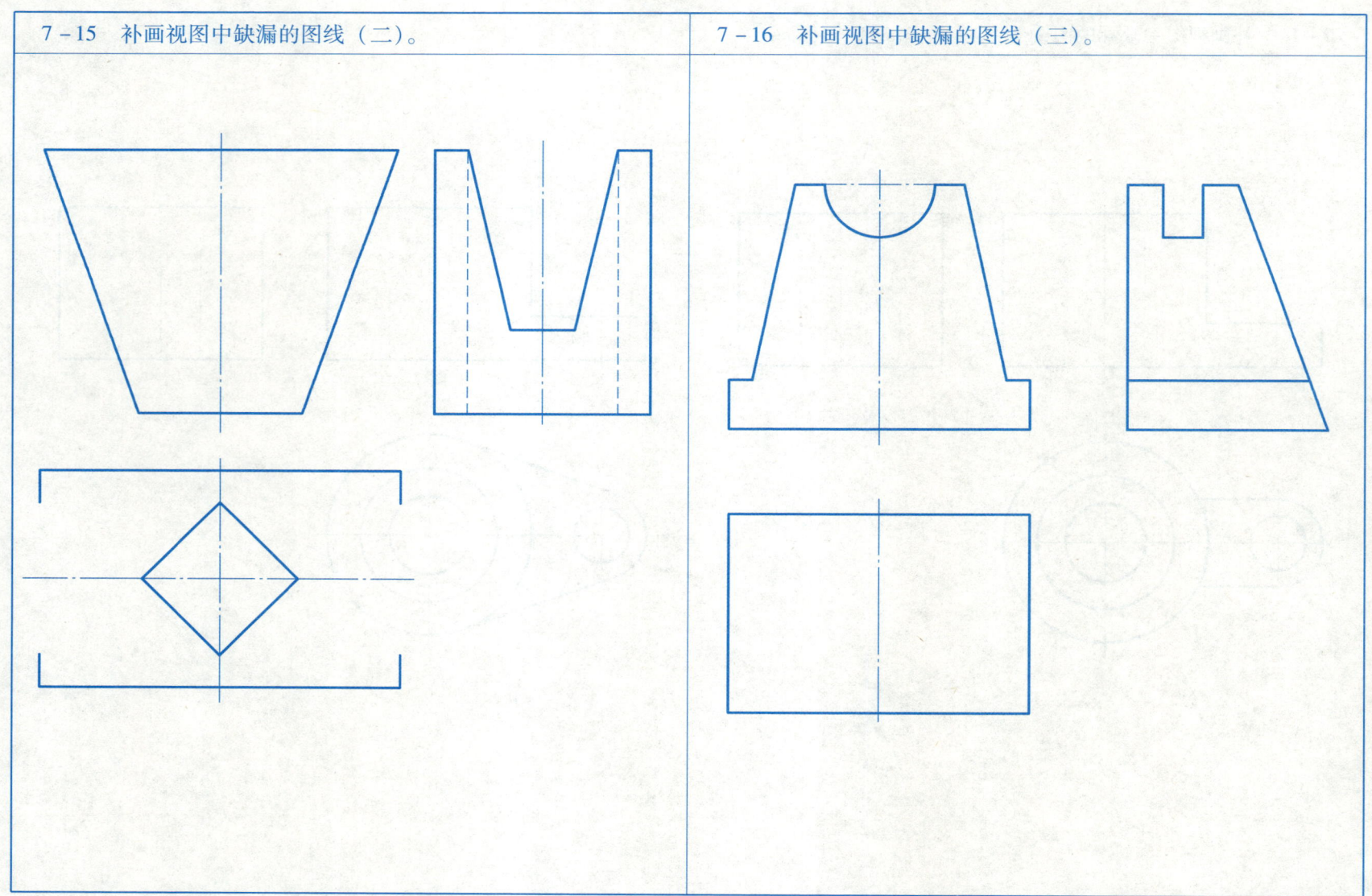

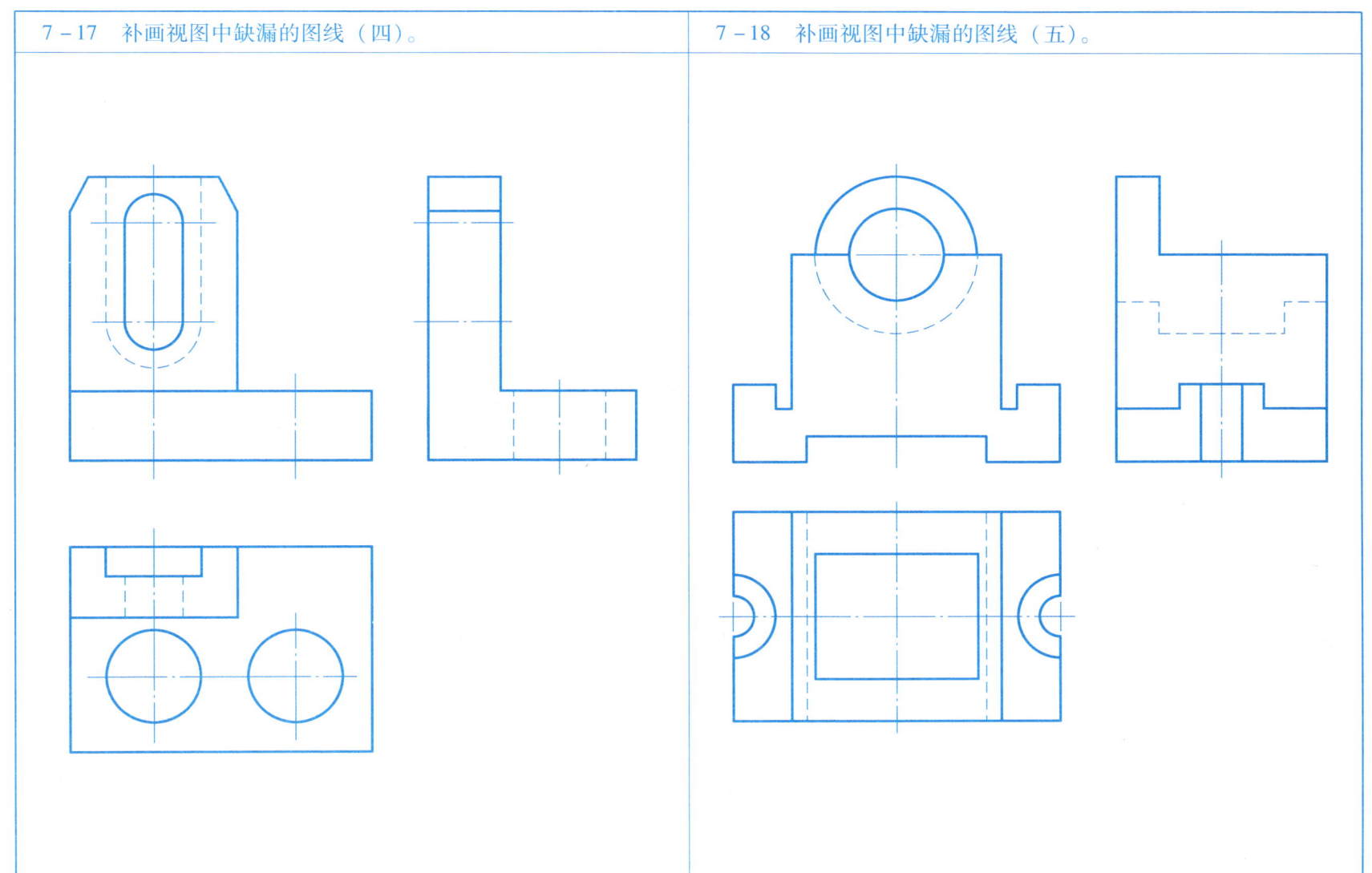

7-19 补画视图中缺漏的图线（六）。

7-20 补画视图中缺漏的图线（七）。

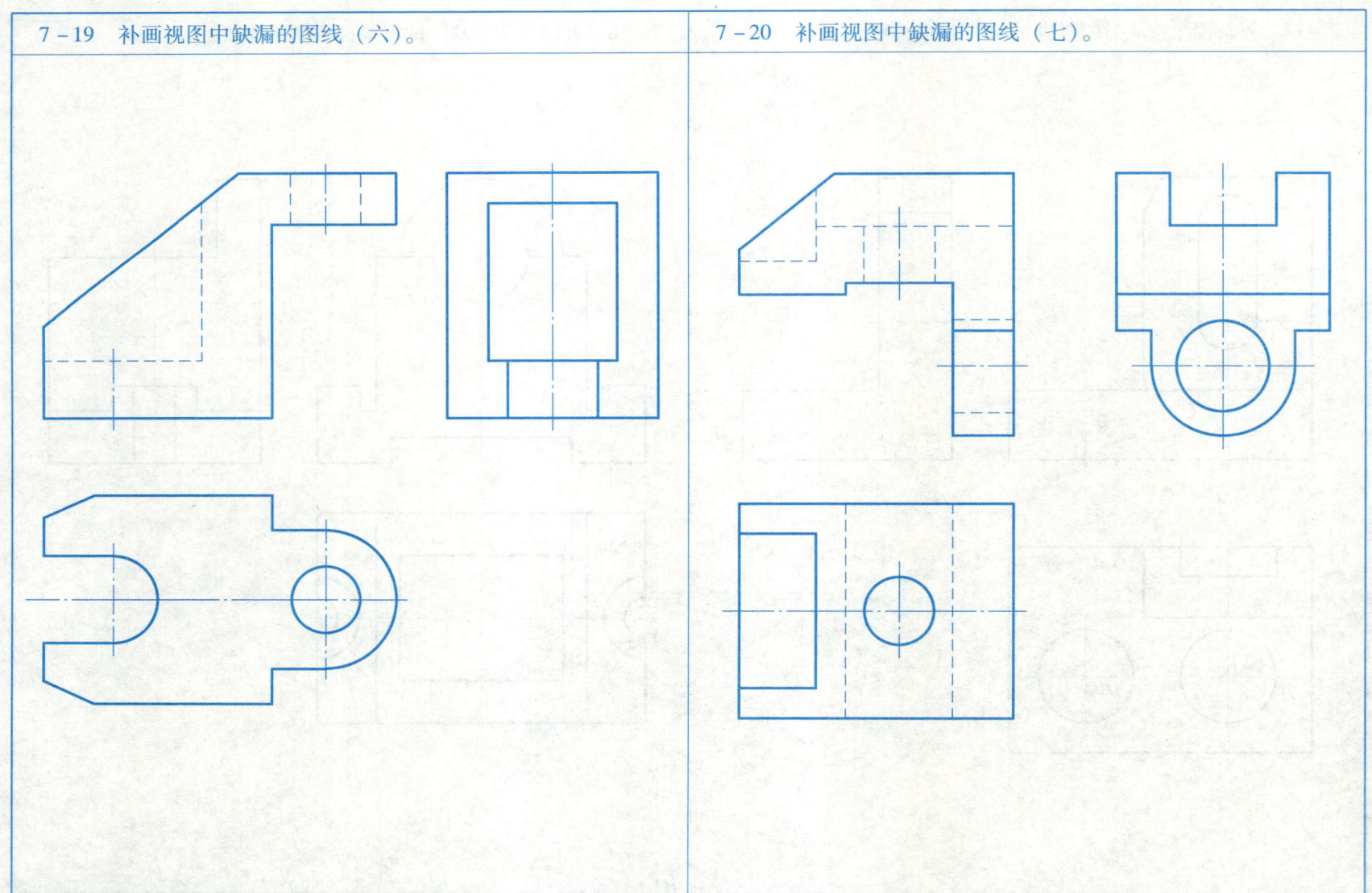

班级　　　学号　　　姓名

7-21 补画第三视图（一）。

7-22 补画第三视图（二）。

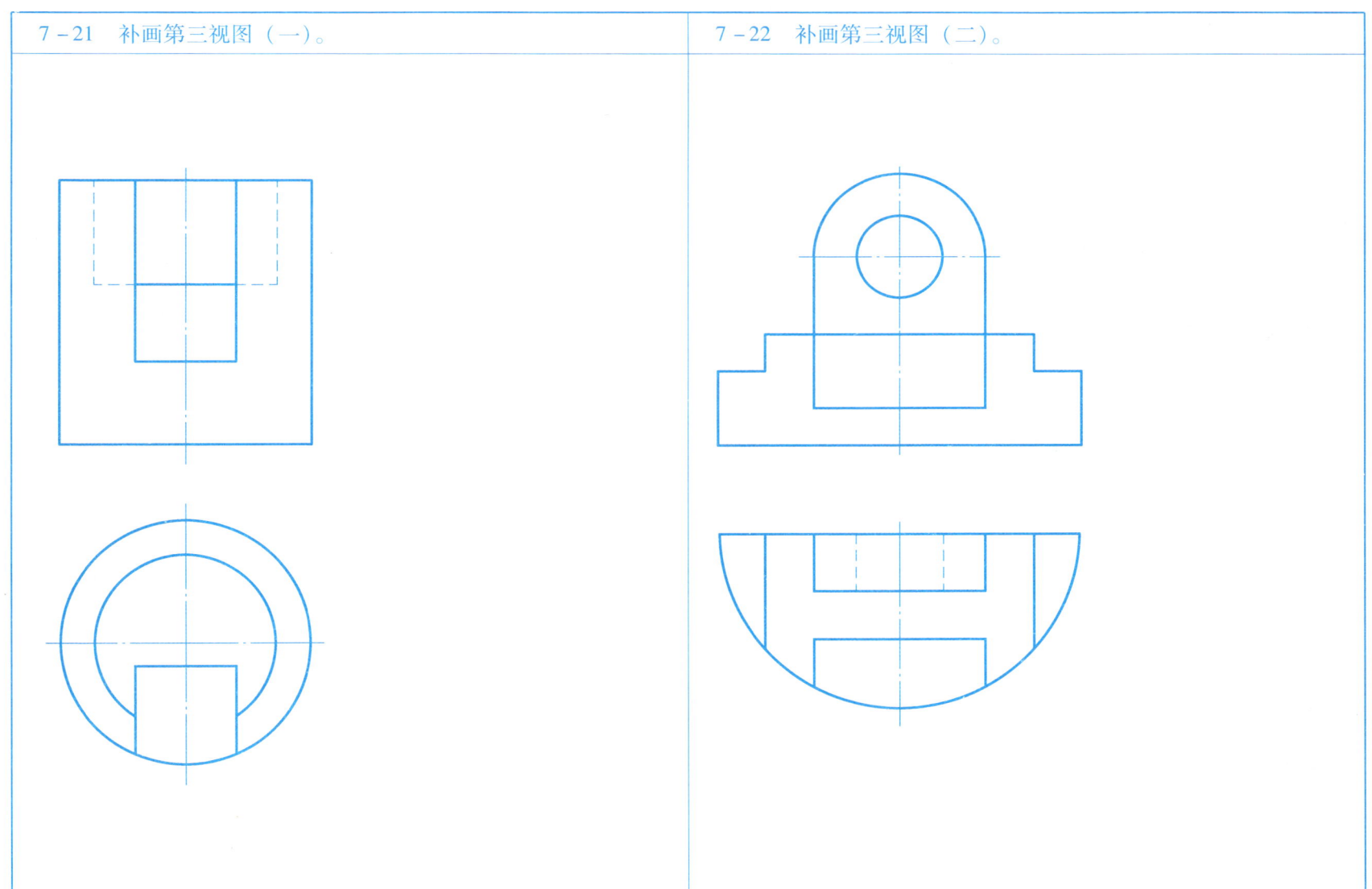

班级　　　学号　　　姓名

7-23 补画第三视图（三）。

7-24 补画第三视图（四）。

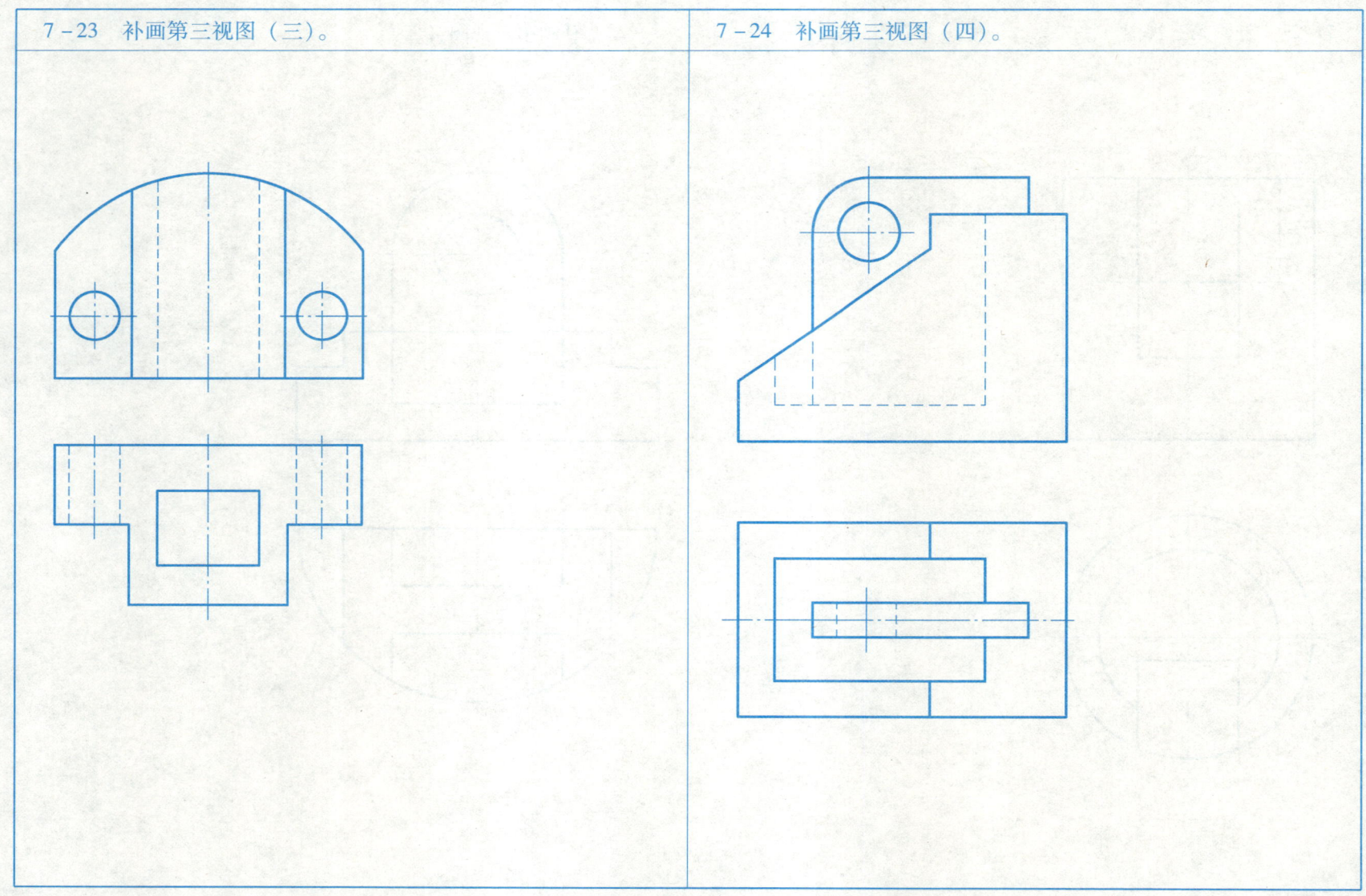

班级　　　学号　　　姓名

7-25 补画第三视图（五）。

7-26 补画第三视图（六）。

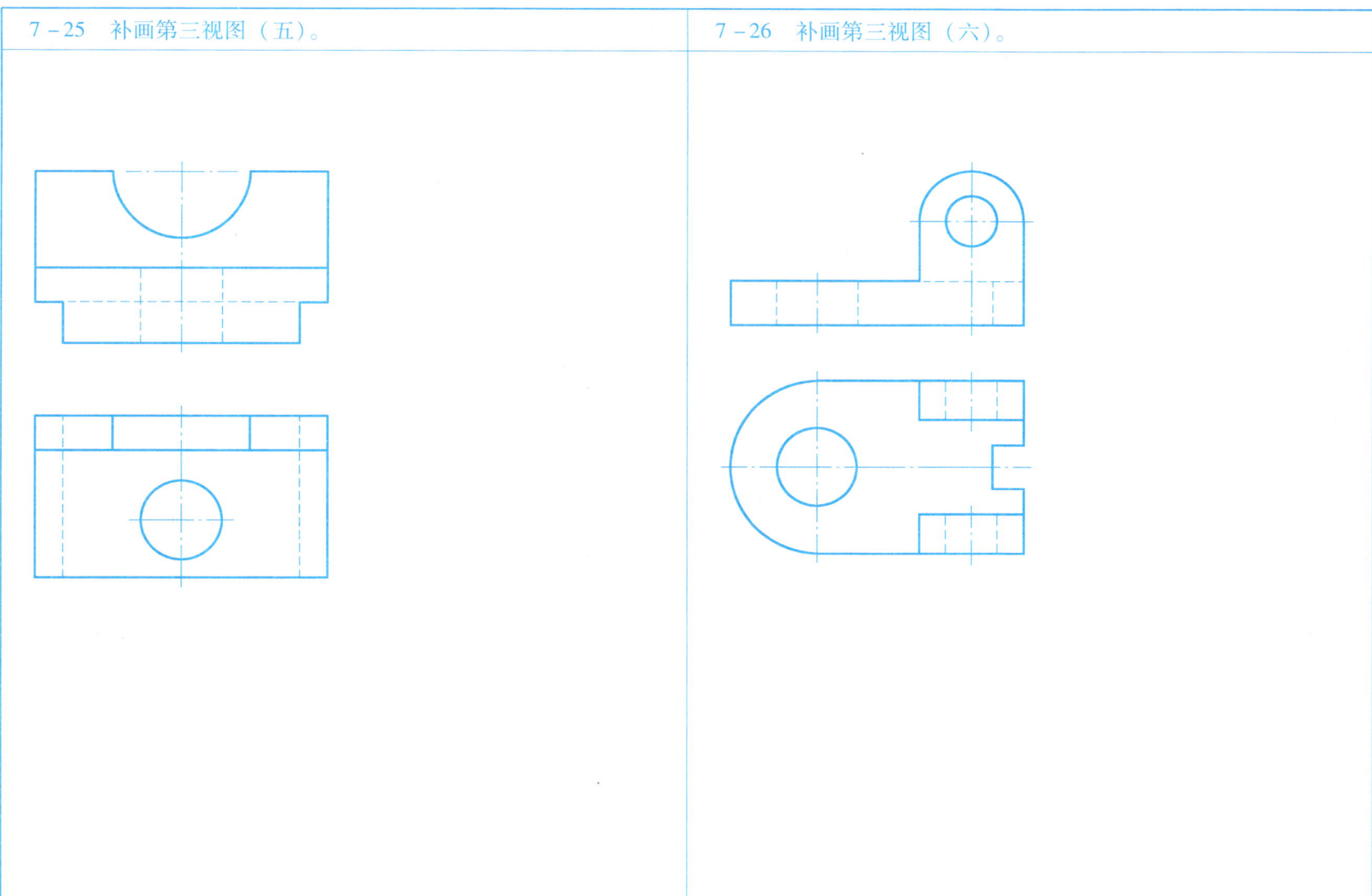

班级　　　学号　　　姓名

7-27 补画第三视图（七）。

7-28 补画第三视图（八）。

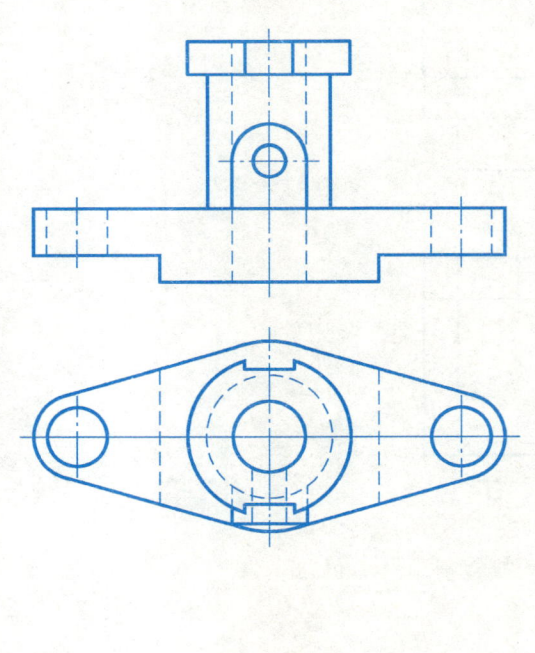

班级　　　学号　　　姓名

7-29 补画第三视图（九）。

7-30 补画第三视图（十）。

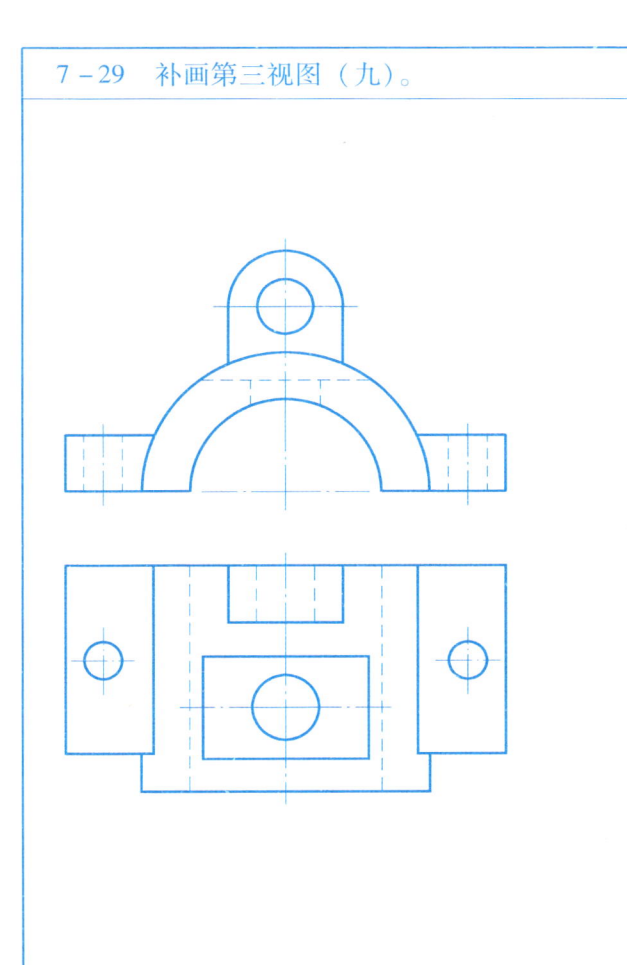
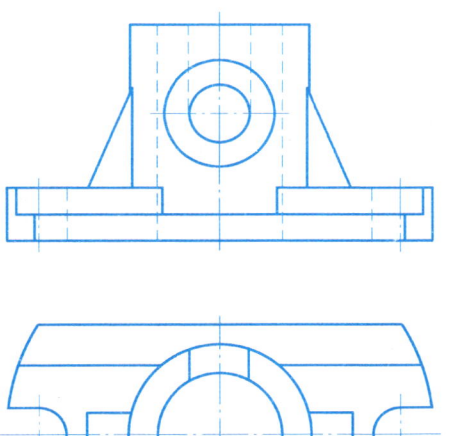

7-31 补画第三视图（十一）。

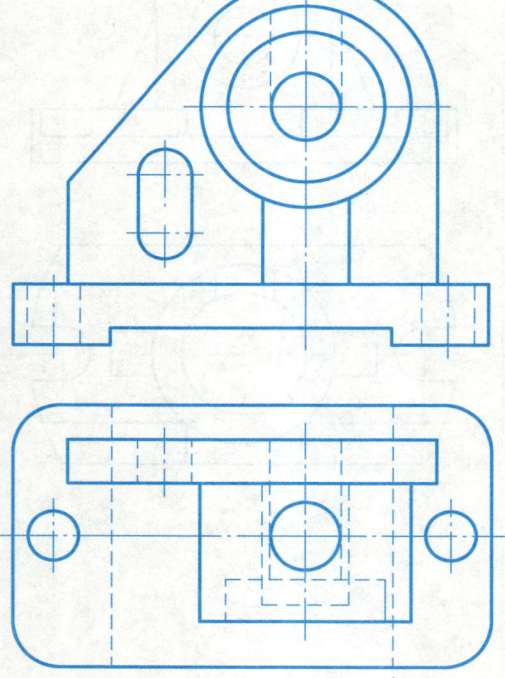

100

7-32 补画第三视图（十二）。

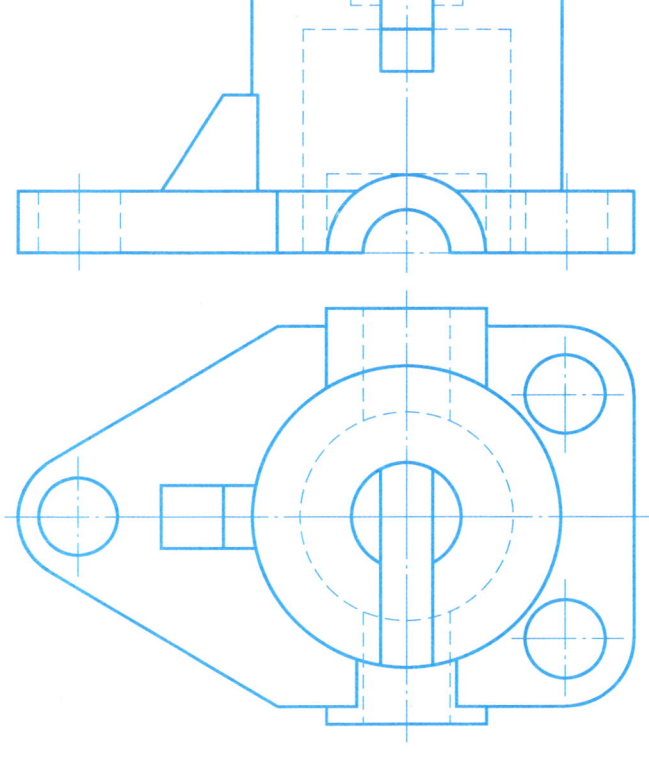

第八部分 轴测投影

8-1 根据已知视图，画正等轴测图（一）。

8-2 根据已知视图，画正等轴测图（二）。

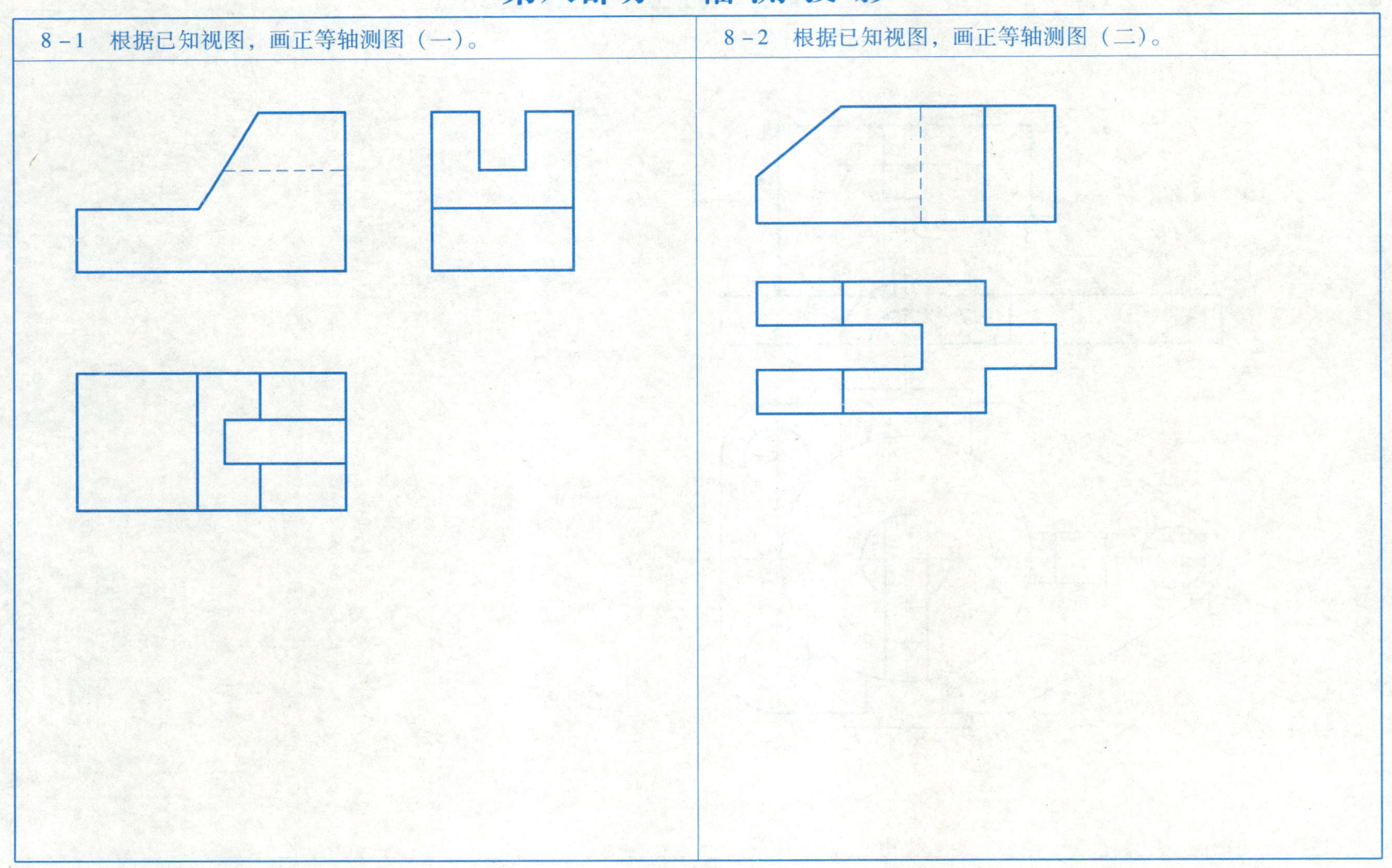

班级　　　学号　　　姓名

8-3 根据视图画正等轴测图（一）。

8-4 根据视图画正等轴测图（二）。

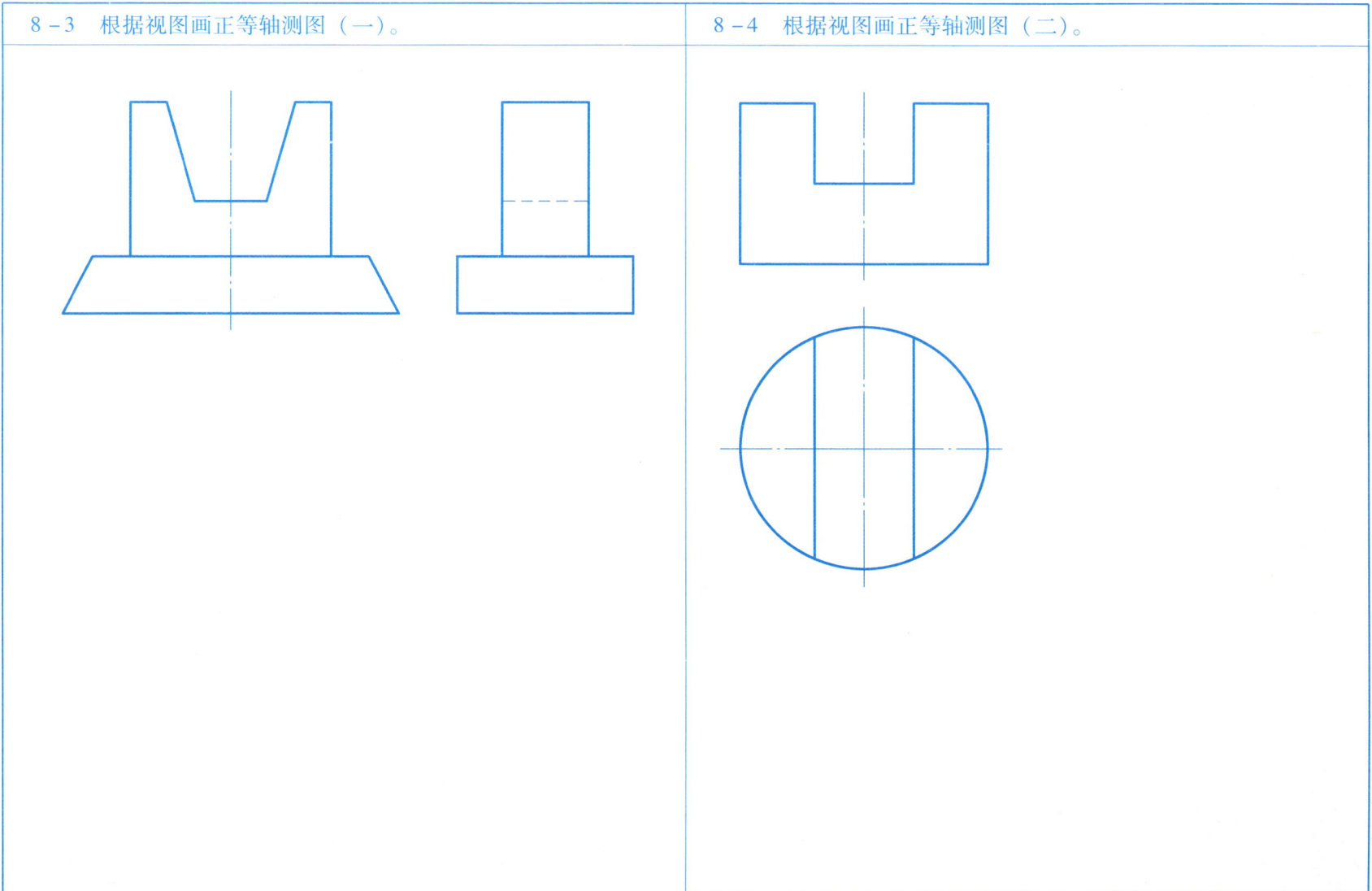

8-5 根据视图画出立体的轴测图。

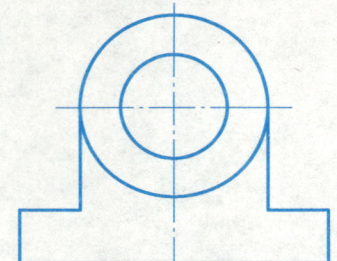

8-6 根据视图画正等轴测图（一）。

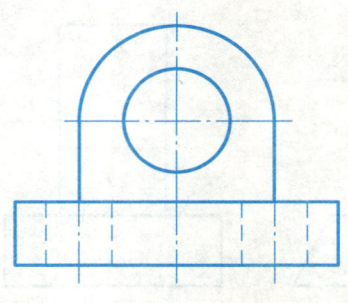
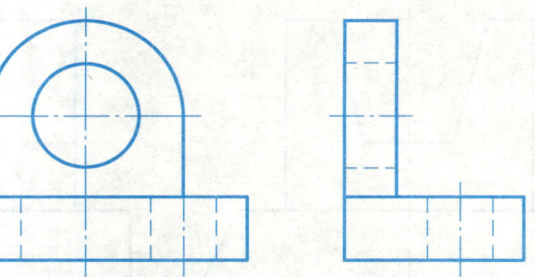
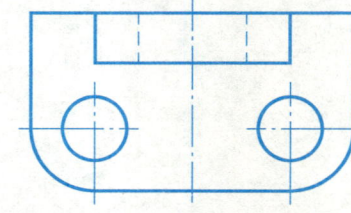

班级　　　学号　　　姓名

8-7 根据视图画正等轴测图（二）。

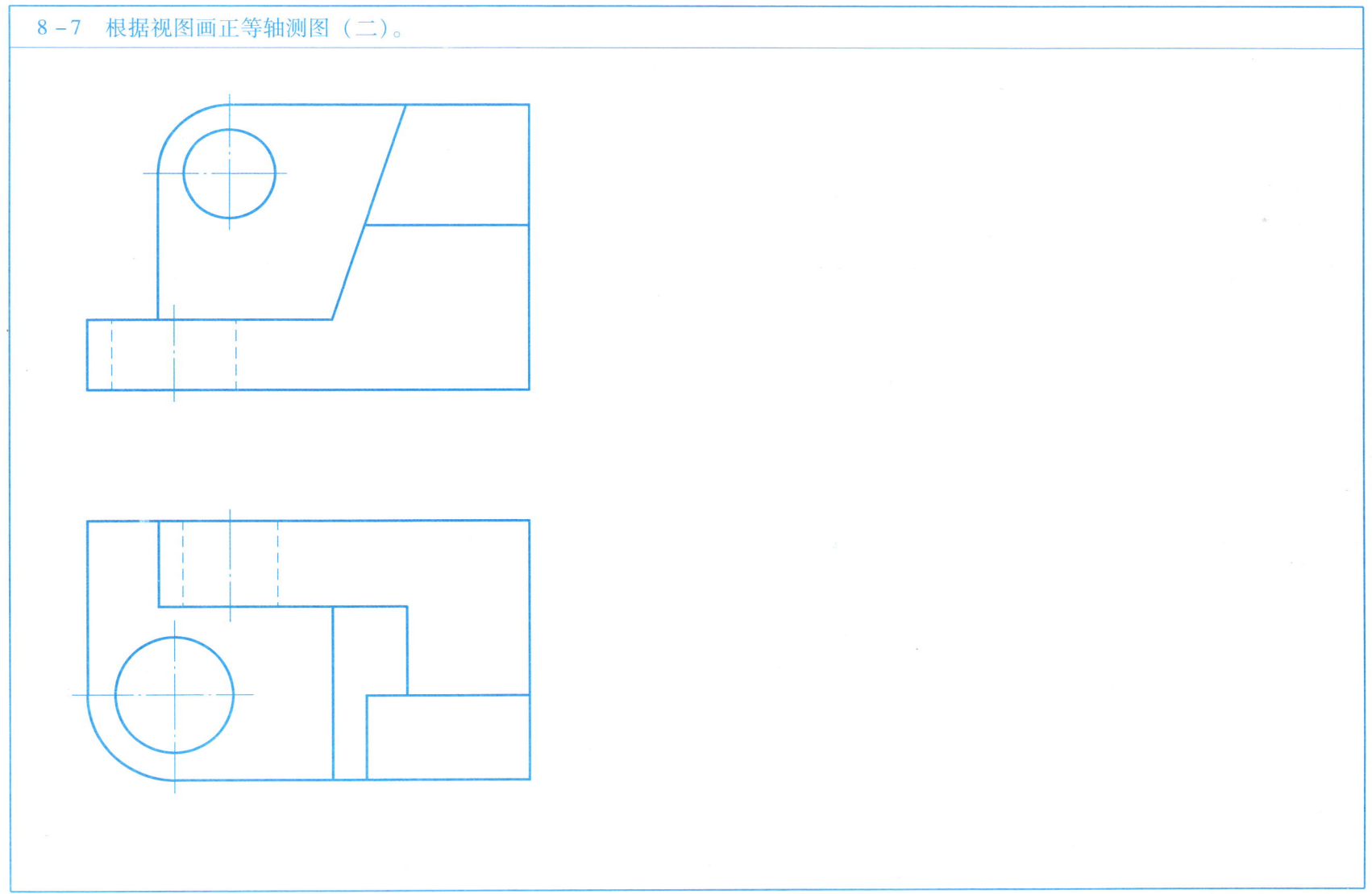

8-8 根据视图画正等轴测图（三）。

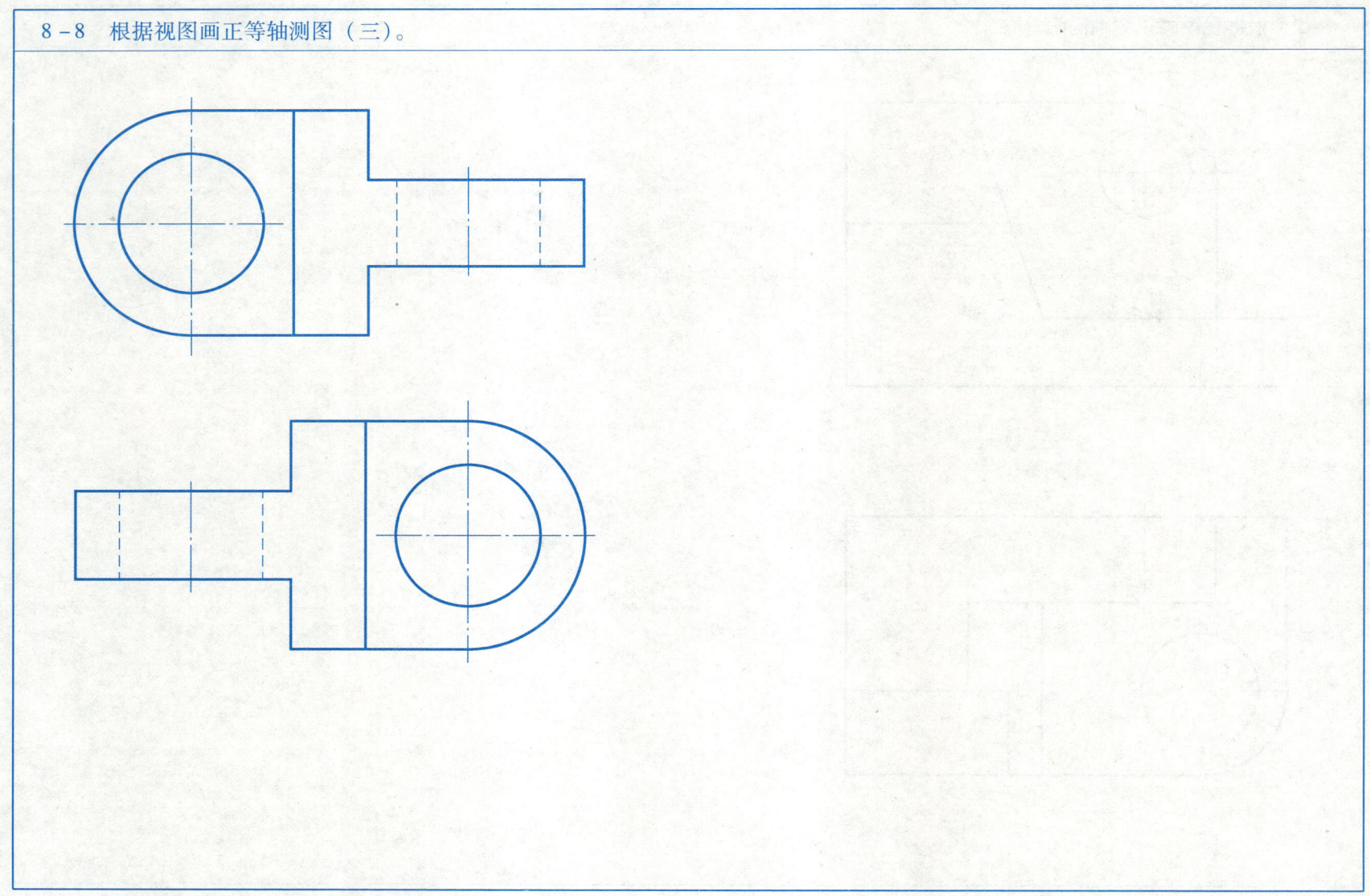

8-9 根据已知视图，画出物体的斜二等轴测图（一）。

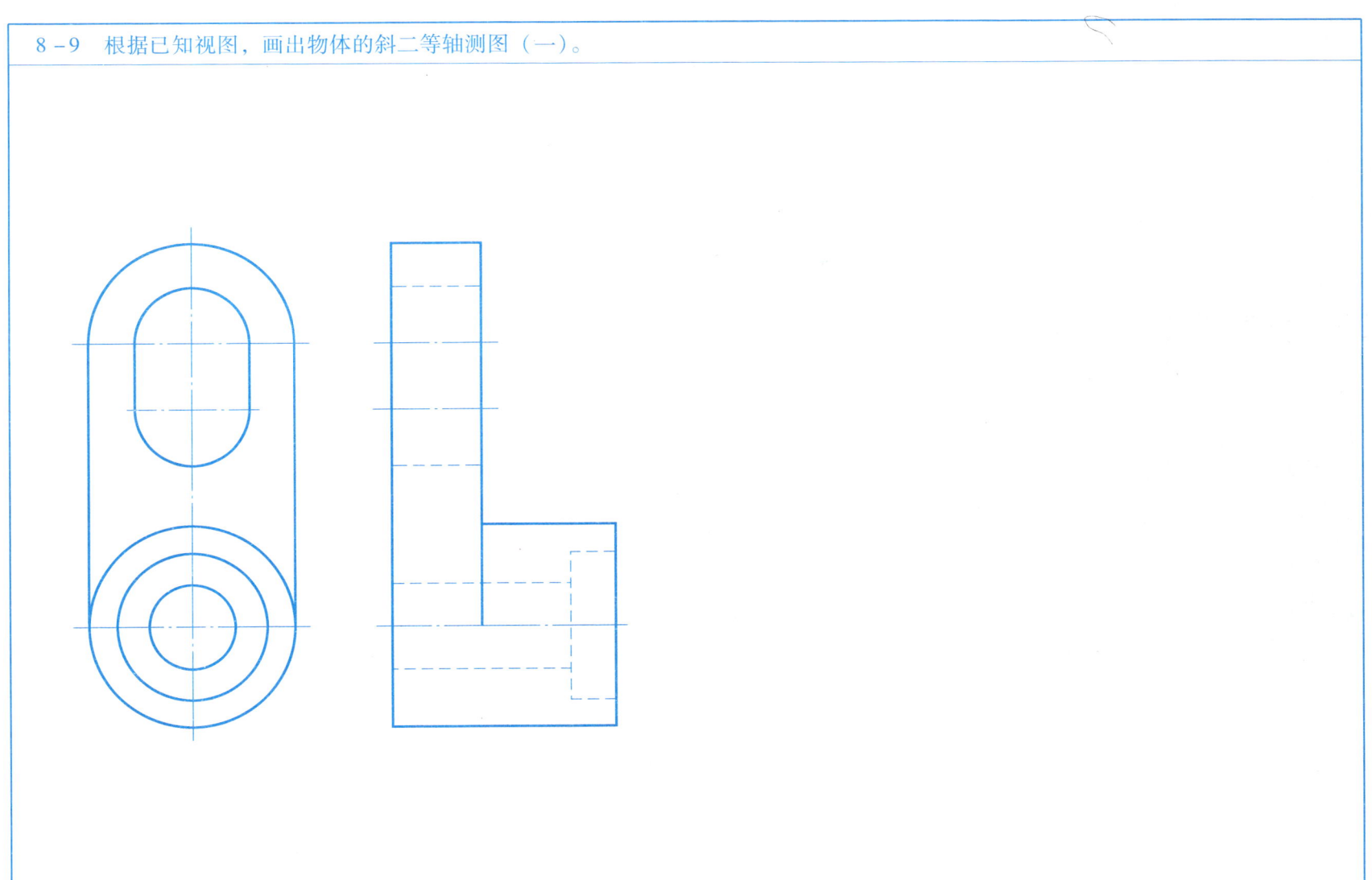

8-10 根据已知视图,画出物体的斜二等轴测图(二)。

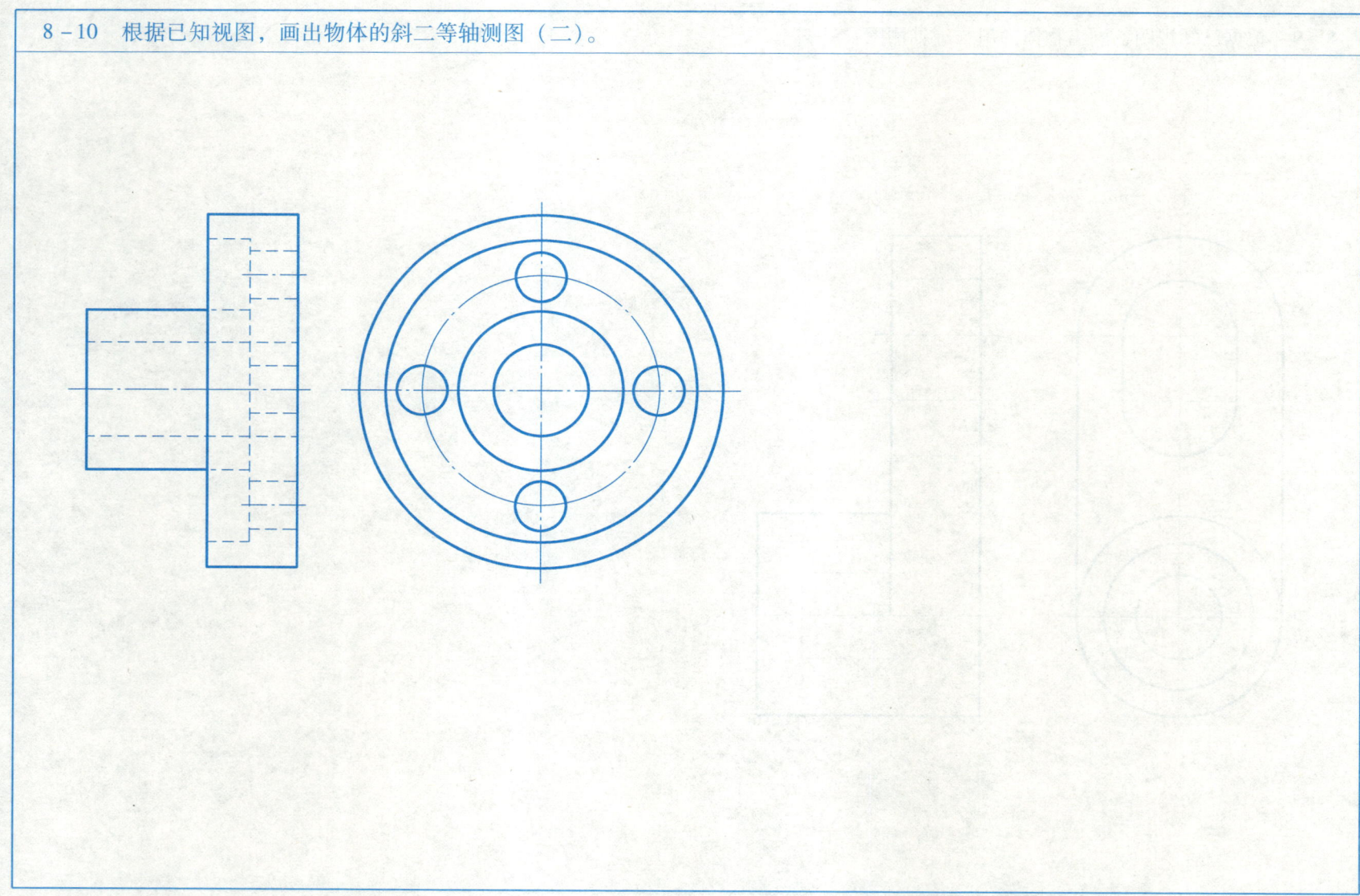

参考文献

[1] 丛伟. 画法几何学 [M]. 北京：机械工业出版社，2014.
[2] 李传奇. 画法几何习题集 [M]. 沈阳：沈阳航空航天大学出版社，2000.
[3] 王之煦，吴元骥. 画法几何及工程制图习题集 [M]. 杭州：浙江大学出版社，2013.
[4] 陆国栋，施岳定. 工程图学解题指导与学习引导 [M]. 北京：高等教育出版社，2009.
[5] 顾文逵，缪三国. 画法几何简明教程习题集 [M]. 上海：同济大学出版社，2008.
[6] 陆国栋. 图学应用教程 [M]. 北京：高等教育出版社，2009.
[7] 王兰美，殷昌贵. 画法几何及工程制图 [M]. 2版. 北京：机械工业出版社，2011.
[8] 朱冬梅，胥北澜. 画法几何及机械制图 [M]. 6版. 北京：高等教育出版社，2008.
[9] 谭建荣. 图学基础教程 [M]. 2版. 北京：高等教育出版社，2006.
[10] 毛昕. 画法几何及机械制图 [M]. 4版. 北京：高等教育出版社，2010.
[11] 冯开平，左宗义. 画法几何与机械制图 [M]. 2版. 广州：华南理工大学出版社，2007.
[12] 范存礼. 画法几何学 [M]. 北京：中国建筑工业出版社，2002.
[13] 常明. 画法几何及机械制图 [M]. 4版. 武汉：华中科技大学出版社，2009.
[14] 朱育万，孙天杰，丁宇明，等. 画法几何及土木工程制图 [M]. 4版. 北京：高等教育出版社，2010.
[15] 谭建荣，张树有，陆国栋. 图学基础教程习题集 [M]. 2版. 北京：高等教育出版社，2006.